Günter Unger

Das Glaubensbekenntnis – am Neuen Testament kritisch erklärt

Verlag W. Kohlhammer

Alle Rechte vorbehalten
© 2009 W. Kohlhammer GmbH Stuttgart
Reproduktionsvorlage: Andrea Siebert, Neuendettelsau
Gesamtherstellung:
W. Kohlhammer Druckerei GmbH + Co. KG, Stuttgart
Printed in Germany

ISBN 978-3-17-020824-7

Ich glaube an Gott,
den Vater,
den Allmächtigen,
den Schöpfer des Himmels und der Erde.

Und an Jesus Christus,
seinen eingeborenen Sohn, unsern Herrn,
empfangen durch den Heiligen Geist,
geboren von der Jungfrau Maria,
gelitten unter Pontius Pilatus,
gekreuzigt, gestorben und begraben,
hinabgestiegen in das Reich des Todes,
am dritten Tage auferstanden von den Toten,
aufgefahren in den Himmel;
er sitzt zur Rechten Gottes,
des allmächtigen Vaters;
von dort wird er kommen,
zu richten die Lebenden und die Toten.

Ich glaube an den Heiligen Geist,
die heilige christliche Kirche,
Gemeinschaft der Heiligen,
Vergebung der Sünden,
Auferstehung der Toten
und das ewige Leben.

Amen.

Inhalt

Vorüberlegung 9

Wozu braucht die Christenheit ein Glaubensbekenntnis? 9
Was bedeutet „Ich glaube" im Neuen Testament? 12

Der erste Artikel 17

Ich glaube an Gott 17
den Vater 18
den Allmächtigen 21
den Schöpfer des Himmels und der Erde 23

Der zweite Artikel 30

Und an Jesus Christus 32
seinen (eingeborenen) Sohn 35
eingeboren 49
unsern Herrn 50
empfangen durch den Heiligen Geist, geboren von der
Jungfrau Maria 54
gelitten unter Pontius Pilatus 57
gekreuzigt, gestorben 65
und begraben 67
hinabgestiegen in das Reich des Todes 70

am dritten Tage auferstanden von den Toten; aufgefahren
in den Himmel 73
er sitzt zur Rechten Gottes, des allmächtigen Vaters 98
von dort wird er kommen, zu richten die Lebenden und die Toten 102

Der dritte Artikel 110

Ich glaube an den Heiligen Geist 110
die heilige christliche Kirche, Gemeinschaft der Heiligen 113
Vergebung der Sünden 116
Auferstehung der Toten 120
und das ewige Leben 121

Worterklärungen (erklärte Begriffe sind bei ihrem ersten
Vorkommen mit * gekennzeichnet) 123

Vorüberlegung

Wozu braucht die Christenheit ein Glaubensbekenntnis?

Der 1. Petrusbrief erteilt seinen Lesern den Rat: „Seid allezeit bereit, Rechenschaft abzulegen gegenüber jedermann, der von euch den Grund wissen will für die Hoffnung, die in euch ist." (3,15b)
Das schreibt, wie aus dem Brief zu erschließen ist, ein hochgebildeter Christ im Namen des Petrus an Gemeinden des ausgehenden ersten Jahrhunderts, als deren Problem er für die nahe Zukunft voraussieht, dass ihnen aus der heidnisch-römischen Gesellschaft nicht nur wie bisher Skepsis und Ablehnung entgegenschlagen, sondern sie auch akuten Verfolgungen ausgesetzt sein werden (4,12ff).

„Rechenschaft" soll ein Christ ablegen können von seiner „Hoffnung". Der Begriff ‚Glaube' begegnet, trotz seiner sonstigen Verbreitung, hier nicht. Man könnte vermuten, der Rat ziele darauf ab, nicht einfach die puren Inhalte des Glaubens aufzusagen, sondern in positiv einladender Weise darzulegen, welche ‚Hoffnung' in den Christen lebt, und so die neue Religion als eine von Grund aus positive Orientierung zu beschreiben, etwaigen dumpfen Verdächtigungen die Grundlage zu entziehen und nach Möglichkeit sogar zum Teilen der Hoffnung ansteckend einzuladen.

Gleichwohl schließt das Schildern der ‚Hoffnung' ein Darlegen des ‚Glaubens' nicht aus, sondern ein. Nur wird das, worüber ‚Rechenschaft' abgelegt werden soll, mit dem Wort ‚Hoffnung' hier nicht angesprochen als statischer Katechismusinhalt, gar als Dogmenbestand, sondern als dynamisch lebendige Kraft eines positiven Denkens. Der 1. Petrusbrief formuliert in charakteristisch ähnlicher Weise schon in 1,3, Gott habe die Christen „wiedergeboren zu einer lebendigen Hoffnung"; und in 1,21 stehen ‚Glaube' und ‚Hoffnung' wie Parallelbegriffe nebeneinander, der eine den anderen erläuternd: glaubensvolle, vertrauende Hoffnung können Christen zu Gott haben, hoffendes Zutrauen.

Ein Glaubensbekenntnis überzeugt dann, wenn es mehr ist als ein Inhaltsverzeichnis von Lehrparagraphen, wenn es offenlegt, welchen inneren Gewinn der Glaubende aus seinem Glauben zieht.

Das kann freilich ein auswendig gelernter und womöglich mechanisch hergesagter Text schwerlich leisten. An einen memorierten Fremdtext als Antwort auf die Fragen der Nichtchristen ist im 1. Petrusbrief auch kaum gedacht, sondern an eine Antwort, die dadurch zu überzeugen vermag oder zumindest deshalb respektiert werden kann, weil sie in authentischen eigenen Worten ergeht und Einblick verleiht in das Denken dessen, der eine solche belebende neue ‚Hoffnung' hat, in seine Lebensphilosophie, seine Ethik, seine Selbstwahrnehmung, und in all diesen Bereichen vor allem seine Erfahrungen mit Gott und der neuen jungen Bindung an Christus.

Ein ‚Glaubensbekenntnis' legt den Glauben dar, aber es ist auch ein ‚Bekenntnis'. Zum Bekennen gehört, dass die Inhalte des Geglaubten in Beziehung gesetzt werden zu der mit ihnen gemachten oder gerade an ihnen gewonnenen Lebenserfahrung. Ein gedankenlos aufgesagter Fremdtext, zumal wenn er in Worten vergangener Jahrhunderte ergeht, erfüllt diese Anforderung nicht.

Jährlich beobachtet man als Pfarrer, wie Konfirmanden, die ihre eigene reflektierte Lebenserfahrung zu gewinnen eben erst begonnen haben, sich redlich mühen, das Glaubensbekenntnis auswendig zu lernen, es trotz aller gegebener Erklärungen jedoch letztlich als seltsames Fossil empfinden, es hier mehr und dort weniger verstehen und die gelernten und aufgesagten Sätze nicht mit lebendiger eigener Einsicht füllen können.

Generationen evangelischer Christen haben, zumal im Konfirmandenunterricht, das Apostolische Glaubensbekenntnis samt der Auslegung Martin Luthers aus dem Kleinen Katechismus von 1529 auswendig gelernt. Luthers Absicht war es, die ‚Hauptstücke' des christlichen Glaubens den in der Reformationszeit neu nach dessen biblischen Grundlagen fragenden Menschen nahezubringen, ja vielen erstmals schriftlich an die Hand zu geben und diese Erstbegegnung mit kompakten Erklärungen von sprachlicher Kraft und sachlicher Klarheit zu flankieren. Im Sprechen des Glaubensbekenntnisses in vertrauter eigener deutscher Sprache und im Einklang mit der neu möglich und bewusst gewordenen eigenen Überzeugung lag in der Reformationszeit das Moment einer Ermündigung des glaubenden Laien gegenüber kirchlicher Theologie und in seiner Kürze und Konzentration eine Abgrenzung gegenüber der Aussagevielfalt von Jahrhunderten. Diese befreiende Wirkung jedoch hat das Glaubensbekenntnis mittlerweile ebenso eingebüßt wie den Reiz des Neuen.

Nach wie vor aber gibt es zur Aufgabe, das Glaubensbekenntnis auszulegen und zu erklären, keine Alternative. Freilich kann man im beginnenden dritten Jahrtausend, nach zweihundert Jahren kritischer Exegese des Neuen Testaments, auch das aus nichts anderem als neutestamentlichen Grundgedanken erwachsene Glaubensbekenntnis nicht mehr unkritisch erläutern. Wir werden bisweilen feststellen müssen, dass wir heute manche Gedanken und manches Anliegen des Glaubensbekenntnisses anders ausdrücken würden, als dies zur Zeit seiner Entstehung geschah. Die Einführung in das Glaubensbekenntnis verstehen wir auch nicht als Grundkurs in kirchlicher *Dogmatik*, sondern als Versuch der Einsichtnahme in die Entstehung von Grundgedanken des *Neuen Testaments*. Das bedeutet aber, dass Maßstäbe und Ergebnisse der neutestamentlichen historisch-kritischen Exegese im Prinzip auch auf die Sätze des Glaubensbekenntnisses zu übertragen sind. Hier liegt der Schlüssel zu neuem nachvollziehenden Verstehen.

Der Mangel an Lebendigkeit und Frische, der dem Glaubensbekenntnis im Unterschied zu manchen weit älteren biblischen Stoffen im Empfinden vieler Menschen anhaftet, hat noch andere Ursachen als nur sein hohes Alter. Das Glaubensbekenntnis wurde ja gerade nicht primär aus jenem Grund formuliert, den der 1. Petrusbrief nennt, positives Zeugnis abzulegen von der frohen neuen Hoffnung eines Christen, sondern zum einen aus dem *negativen* Motiv heraus, ‚Irrlehren' abzuwehren und durch fixierte Formulierungen auszuschließen, was man *nicht* glauben durfte. Beispielsweise dienten bereits die ersten Worte des Glaubensbekenntnisses von ‚Gott dem Schöpfer', die uns vertraut und wie selbstverständlich aus dem Anfang des Alten Testaments entwickelt erscheinen, der Abwehr der Lehre des sogenannten ersten großen Ketzers der Kirche, Marcion, der um 150 lehrte, es gebe *zwei* Götter, einen Schöpfer, der die Welt leider sehr fehlerhaft erschaffen, und einen Erlöser, der Christus gesandt habe. Das Glaubensbekenntnis *reagiert* insofern in manchen Aussagen auf Lehrentwicklungen, die es zu korrigieren oder zu kanalisieren versucht; es war teilweise ebenso Produkt wie Instrument der theologischen Auseinandersetzungen der Alten Kirche.

Zum anderen dienten Frühformen des Glaubensbekenntnisses in den ersten Jahrhunderten, solange noch die Erwachsenentaufe vorherrschte, als Taufbekenntnis; sie sich anzueignen und anzuerkennen war Vorbedingung der Taufe. Von einem frisch unterwiesenen Taufkandidaten erwartete man nicht das Artikulieren seiner persönlichen Glaubensanschauung, sondern das verpflichtende Einstimmen in die anerkannte Glaubensregel.

Und schließlich waren Glaubensbekenntnisse auch Instrumente kaiserlicher Religionspolitik. Vor allem in der Gestalt des Nicäno-Konstantinopolitanischen Bekenntnisses, das wir hier neben dem Apostolischen Glaubensbekenntnis freilich nicht behandeln, verdankt es sich zu nicht unbeträchtlichen Teilen auch der Einwirkung politischer Interessen. Kaiser Konstantin wollte Anfang des vierten Jahrhunderts die gerade erst von ihm aus der Verfolgung entlassene christliche Kirche zu einer tragenden Säule seines Reiches ausbauen, doch dazu wünschte er sie sich im Inneren ideologisch gefestigt. Die ersten großen Synoden oder Konzilien, welche Bekenntnisformulierungen auf Jahrhunderte festschrieben, waren von Konstantin und seinen Nachfolgern selbst einberufen oder geleitet und sogar inhaltlich beeinflusst worden.

Diese Entstehungsgeschichte lässt deutlich werden, was viele heutige Christen auch ohne kirchengeschichtliche Kenntnisse fühlen: wenn die ersten Worte des Glaubensbekenntnisses „ich glaube" gegenwärtig nachgesprochen werden, dann äußert in der Regel nicht ein gottgläubiger Mensch seine eigenen selbstgewonnenen, gar originellen oder durch eigenes Nachdenken aus dem Evangelium des Neuen Testaments entwickelten Überzeugungen, sondern dann stellt sich der Sprecher in eine lange Reihe von theologischen Entscheidungen und Vorentscheidungen, auf die Seite jahrhundertealter Rechtgläubigkeit, stellt sich gegen alle sogenannten Ketzereien seit dem zweiten Jahrhundert und sagt auf, was andere lange vor ihm zum Glauben erhoben haben. Dass es so kam und dies nun heute im Glaubensbekenntnis alles mitschwingt, ist nachvollziehbar; doch wenn wir vom Neuen Testament her denken und fragen, was ein Bekenntnis des christlichen Glaubens sei, muss diese Entwicklung auch als teilweise problematisch erkannt und eingestuft werden.

Was bedeutet „Ich glaube" im Neuen Testament?

Ein Vergleich der Sprachen kann uns weiterhelfen. Am wenigsten präzise scheint das Wort ‚glauben' im Deutschen zu sein. Der Volksmund sagt, ‚glauben' heiße, ‚nicht wissen'; und unsere Umgangssprache verwendet das Wort nicht gerade im Sinne religiösen Bekennens. Wenn jemand sagt, er ‚glaube', dass morgen schönes Wetter werde, dann bewegt sich seine Aussage im Bereich zwischen Wissen, Hoffnung, Vermutung, Wunschdenken und Ungewissheit. Von dieser Art ist natürlich das ‚Glauben' an Gott und Jesus nicht. Erst der deutsche Umgangssprachgebrauch verführt zu solchem Abgleiten. Das lateinische Verbum ‚credo' dagegen bedeutet ‚glauben' im Sinne von ‚Vertrauen schenken' – sogar das kaufmännische ‚kredit'-würdig lässt noch das Element der ‚Vertrauenswürdigkeit' durchschimmern; und das lateinische Substantiv ‚fides' hat neben ‚Glaube' eben auch die Bedeutung ‚Treue', ‚Zuverlässigkeit', aufrichtige glaubwürdige Ehrlichkeit, persönliche Gewissheit. Das Lateinische kommt hier den Ursprachen der Bibel näher als das Deutsche.

Die Ursprachen der Bibel sind das Griechische für das Neue und das Hebräische für das Alte Testament. Im Altgriechischen bedeutet das Verbum πιστεύειν (‚pisteuein', glauben): jemandem trauen, etwas zutrauen, vertrauen, treu sein, überzeugt sein, das Substantiv πίστις (‚pistis', Glaube) Vertrauen, Zutrauen, Gewissheit. Man könnte daher sagen: Es geht beim ‚Glauben' um eine belastbare Überzeugung aus stabilem Vertrauen.

Im hebräischen Alten Testament wird mit dem entsprechenden Wortstamm אמן (‚aman') ausgedrückt, dass Gott ‚treu' ist (Deut 7,9), ein Mensch einem anderen ‚traut' (1 Sam 27,12), ein Mensch sich auf Gott ‚verlässt', ihm ‚glaubt' (Abraham in Gen 15,6). Selbst das ‚Amen' in der Kirche ist von diesem Wortstamm abgeleitet; es bedeutet: ‚So soll es sein', ‚das soll gelten'. Wer ‚Amen' sagt, pflichtet bei, stimmt zu, setzt gewissermaßen eine Unterschrift mit Worten. Gegenüber einem irdischen Herrn wie in 1 Kön 1,36 hat das ‚Amen' zugleich den Charakter einer Befehlsannahme, der inneren Zustimmung zum Befehl und der Selbstverpflichtung, nun alles zur Ausführung des Auftrags zu tun. Auf Gott bezogen drückt der Prophet Jesaja, mit dem Wortstamm ‚aman' spielend, die existenzerhaltende Bindung an den aus, der in seiner Treue und Beständigkeit allein die sich auf ihn treu Verlassenden erhalten kann, denn in der Krise der assyrischen Belagerung, die Jesaja mit den Jerusalemern durchsteht, gilt noch aktueller und folgenreicher als sonst: ohne festes Vertrauen auf Gott werdet ihr nicht bestehen können, „glaubet ihr nicht, so bleibet ihr nicht" (Jes 7,9). Ein solcher Glaubensbegriff reicht über das Interpretieren des real Erlebten hinaus in das Mitgestalten des Realen.

Ein schönes kleines aus dem Neuen Testament gewonnenes Beispiel dafür, wie eine Glaubensüberzeugung einerseits auf freiwilliger Entscheidung für eine Interpretation beruht, andererseits weitreichend bindende Konsequenzen mit sich bringt, finden wir bei Paulus im 2. Korintherbrief (5,14) – einer freilich durch verbreitete Fehlübersetzung häufig etwas verdunkelten Stelle:
„Die Liebe Christi hält uns beisammen" (συνέχει ἡμᾶς, ‚synechei hēmas'), schließt uns zusammen (und nicht etwa: ‚drängt uns'; allenfalls: ‚bindet uns' in unserer Entscheidung), uns, „die wir urteilen" (κρίναντας τοῦτο, ‚krinantas tūto'), die wir zu dem Urteil gelangt sind, die wir uns für die Deutung entschieden haben: „einer ist für alle gestorben – also sind alle gestorben". – Wie ist das zu verstehen?

Es war eine der grundlegendsten und schwierigsten Entscheidungen für die ersten Christen, dem Tod Jesu eine positive Deutung abzugewinnen. Sie mussten sich zu einer Deutung durchringen, zu einem Ergebnis kommen, zu einem ‚Urteil' finden, das aus dem ungeheuren Negativum der Kreuzigung Jesu ein Positivum herausarbeitete. Sie haben sich ‚entschieden' für das ‚Urteil': Jesus, der ‚eine', ist ‚für alle' gestorben. Sie hätten sich auch anders entscheiden können. Von Resignation bis Rache, vom Ausschauhalten nach einem neuen Messias bis zur Absage an die widerlegten Ideale Jesu hätten zahlreiche Deutungsrichtungen offengestanden. Aber die ‚Liebe Christi' wäre bei solchen Deutungen nicht mit am Werk gewesen, die Liebe, welche sie von Jesus her erfahren hatten, und die Liebe, die sie ihm gegenüber empfanden; und die Anhänger Jesu wären nicht ‚beisammengehalten' worden, hätten sie anders ‚geurteilt'. Doch mit der ‚Entscheidung' und Deutung „einer für alle" binden sie sich selbst: sie können nun nicht mehr so weiterleben wie zuvor, sie fühlen sich nun gleichfalls bis zum Lebenseinsatz an Jesu Ziele gebunden, sie haben zumindest ihr Leben in den Dienst der Ziele zu stellen, für die Jesus lebte und starb. Vers 15 drückt es aus: „Er ist nämlich für alle gestorben, damit die, die leben, nicht mehr sich selbst leben …".
Paulus gewährt uns hier Einblick in die Entstehung von Glauben – ohne dass der Begriff fällt: Menschen treffen in Fragen, die sie im Tiefsten berühren, eine Entscheidung, weil sie kaum sinnvoll weiterleben könnten, wenn die Fragen offen blieben; sie entscheiden sich, noch kaum alles verstehend und noch um Klarheit ringend, für Jesus,

für Gott, für die Liebe und nicht gegen sie; und sie binden sich dadurch an Jesus, an Gott, an die Liebe und aneinander, an diejenigen, die auch so denken und entschieden haben, und an ein weiteres Suchen und Gewinnen von Erfahrungen auf der von dieser Weichenstellung, ‚nicht mehr sich selbst zu leben', gewiesenen Spur. So entsteht (gemeinsamer) Glaube.

An diesen kurzen, aber dichten Worten aus 2 Kor 5 lassen sich auch verschiedene Stufen der Glaubensüberlieferung illustrieren: Die erste christliche Generation hatte eine Grundentscheidung zu treffen, die ihr weiterhalf, die sie aber wie alle folgenden Generationen band. Die Aufgabe der ersten christlichen Generation war es nicht, die puren Fakten von Jesu Leben, Lehren und Wirken, ihr eigenes tieferschrockenes Erleben seiner Kreuzigung und das folgende ungläubig-staunend glückliche Wahrnehmen seiner neuen Lebendigkeit jeweils separat und möglichst deutungsfrei neutral zu überliefern, damit Spätere sich selbst ein Urteil bilden könnten – auf diese Weise hätte es wohl kaum ein Christentum gegeben bzw. eine Jüngerschaft, die Jesu Kreuzigung überdauert hätte. Ihre Aufgabe war es in der Tat, eine Glaubensaussage zustande zu bringen und weiterzugeben. Umgekehrt ist unser angestammter Platz heute der, am Ende einer langen Überlieferungskette zu stehen und die Vorentscheidungen der Urchristenheit als eine Basis, die auch uns trägt, zu akzeptieren – freilich nicht unkritisch, nicht unreflektiert, nicht unanalytisch. Unsere Aufgabe heute ist gleichsam spiegelbildlich vom anderen Ende her groß: nachzuvollziehen, was die Urchristenheit dachte, zu rekonstruieren, in welchen Schritten sie ihren Glauben entwickelte, diese Schritte sogar daraufhin zu prüfen, ob sie dem Geist Jesu entsprechend in die richtige Richtung getan wurden. Solche Mühe ist weder anmaßend noch überflüssig, sie ist zur geistigen Aneignung des Überlieferten erforderlich; reines Nachlesen oder Nachsprechen garantiert noch kein Verständnis und auch kein wirkliches Einverständnis.
Zwei weitere kleine Beobachtungen an der gewählten Bibelstelle sind hilfreich: In den beiden Jahrtausenden, die zwischen Paulus und uns liegen, ist eine Menge theologischer Aufwand getrieben worden, präzisierend zu erläutern, inwiefern Jesus „für alle" gestorben sei. Doch solche umfangreichen systematisch soteriologischen* Entwürfe fehlen eigenartigerweise dem nicht, der den Satz des Paulus begreift. Das Neue Testament bedarf nicht der späteren Dogmatik, um zu uns zu sprechen,

um verstanden zu werden. Nicht selten lenkt spätere Lehre auf Gedankenbahnen, die dem Neuen Testament noch fremd sind. Umgekehrt hat die spätere breite Entfaltung des hier noch knospenhaften ‚für alle' gerade nicht verhindern können, dass der überlieferte Satzanfang von 2 Kor 5,14 (verursacht von der lateinischen Vulgata*) zumeist ohne Sinnerfassung übersetzt und infolgedessen in der Perikopenabtrennung* – die Stelle ist Epistellesung am Karfreitag – weggelassen wird. So beginnt die gottesdienstliche Lesung gegenwärtig in der Regel mit den Worten: „Wenn einer für alle gestorben ist, so sind sie alle gestorben." Was bei Paulus werbende Argumentation war, klingt nun wie apodiktische Metaphysik. Wer wollte dem spontan zustimmen?

Zum Glauben gehört aber, sosehr er offen ist für Dinge, die ‚jenseits der Physik' liegen, die persönliche Zustimmung, das grundlegende Einverständnis, welches aus tiefem Verstehen erwächst. Insofern ist Glaube auch keineswegs ein Gegensatz zum Denken, wie oft gesagt wird. Glaube ist eine spezifische Art, eine erneuerte, tiefere Art, zu denken. Der Glaube durchdenkt und begreift die Welt und das Leben nicht in den an der Oberfläche wahrnehmbaren Kategorien von Macht, Gewalt, Geld, Zwang und Tod – man könnte mit dem 1. Petrusbrief sagen, nicht in den Kategorien, die keine ‚lebendige Hoffnung' kennen und vermitteln –, sondern er deutet und versteht das Wirken und Zusammenwirken der Kräfte von Wahrheit, Liebe, Gerechtigkeit, Geist und Leben – und wo er an Grenzen solchen Deutens und Verstehens stößt, entwickelt er, seinem Wesen entsprechend, Vertrauen: Glaube sieht das Leben als dem Tod überlegen an. Glaube versteht Liebe als stärkste Triebkraft der Welt. Glaube weiß, dass der Geist die Materie beherrscht. Das sind seine Qualitäten, die ihn über die „Physik" erheben.

Daraus folgt abermals: bei derartig neuem Denken, bei solchem Leben aus Vertrauen kann sich niemand stellvertreten lassen; diese neue Existenzform lässt sich nicht erreichen durch einfaches beipflichtendes Hersagen auswendig gelernter Texte; sie lässt sich nicht durch Formelkunde ersetzen. Das wäre absurd. Ebenso absurd wäre es, wenn eine oberste kirchliche Lehrinstanz detaillierte einzelne Glaubensaussagen oder -inhalte formulierte, über Jahrhunderte fortschriebe, bei Bedarf oder Belieben nachlieferte und mit Androhung des Kirchenausschlusses oder gar Verlustes der ewigen Seligkeit forderte, sich diese, verstanden oder nicht und einverstanden oder nicht, zu eigen zu machen – ein solcher Glaubensbegriff tendierte ins Perverse.

Betrachten wir nach diesen Vorbemerkungen nun den Text des ersten Artikels des Glaubensbekenntnisses:

Der erste Artikel

„Ich glaube an Gott": Wer heute so spricht, gibt zunächst seiner Überzeugung Ausdruck, dass es Gott ‚gibt'. Darauf lag aber in ältester Zeit nicht der Akzent. Die Existenz Gottes war, als das Christentum aus dem Judentum hervorging, so gut wie unumstritten. Breit gestreuter Atheismus ist ein neuzeitliches Phänomen. Allerdings hatte mit der Ausbreitung des Christentums ins antike Heidentum ein gläubig gewordener Mensch sich nun von den vielen alten Göttern abzuwenden und den neuen einen Gott der Juden und Christen anzunehmen. Dieser wichtige Aspekt aus der Entstehungszeit des Glaubensbekenntnisses, die Abkehr von der alten Götterwelt, wurde neu aktuell bei der Christianisierung der Germanen – nicht zufällig maß Karl der Große dem Glaubensbekenntnis wiederum besondere Bedeutung bei.

Je mehr freilich in den Eingangsworten „ich glaube an Gott" die neuzeitliche Frage, ob es Gott überhaupt gebe, gehört wird, desto mehr tritt die Bedeutungsfülle des Wortes ‚glauben', wie sie in den Vorüberlegungen beschrieben wurde, zurück. „Ich glaube an Gott" heißt, entsprechend der Wortbedeutung von ‚glauben' in den alten Sprachen: ich vertraue auf Gott, ich lebe in der Überzeugung, dass Gott verlässlich treu ist. Es heißt dagegen nicht, dass ich genau wüsste, wer Gott ist, und ihn beschreiben könnte. Der Glaube an Gott kommt mit deutlich weniger konkreten Aussagen aus als der an Jesus – auch deswegen ist der erste Artikel relativ kurz. Das Glaubensbekenntnis sagt zwar dreierlei über Gott aus, dass er „Vater" sei, „allmächtig" und „Schöpfer", aber der Glaube an Gott benötigt kein „Bild" von Gott – und dies korrespondiert einem Grundanliegen alttestamentlicher Gottesfurcht, sich kein ‚Bildnis' zu machen. „Ich ‚glaube' an Gott" heißt, ich entscheide mich für die Weltsicht, dass es außer und über mir und über allen Menschen noch etwas oder jemanden Größeres und Größeren gibt, der oder das ‚vertrauenswürdig' ist. Solches Grundvertrauen ist den Glaubenden gemein. Es schließt nicht aus, dass sich jeder Glaubende Gott etwas anders vorstellt. Gemeinsamkeit im Grundlegenden bei gleichzeitiger Offenheit im Einzelnen ist auch die Tür zum modernen Gespräch mit anderen Religionen. Geistiger Spielraum im Detail der Gottesvorstellung braucht nicht ketzereiverdächtig zu sein. Auch die klassische Dogmatik unterscheidet seit je die *fides qua (creditur)*, den Glauben, *mit dem* man glaubt, von der *fides quae (creditur)*, dem Glauben, *der* geglaubt wird; anders gesagt, sie unterscheidet die grundsätzliche Haltung glaubenden Vertrauens von den Inhalten des Glaubens. Glaubende, welche die ‚*fides qua*' der ‚*fides quae*' vorordnen, fühlen sich mit anders Glaubenden dennoch eins im Grundanliegen. Die ‚*fides qua*' verbindet, die ‚*fides quae*' trennt. Ein Grundvertrauen auf Gott gehört zur ‚*fides qua*'. In der Tat kennen viele Religionen – von Konfessionen braucht dies nicht mehr eigens betont zu werden – das Vertrauen auf das oder den Größeren, Guten, Wahren. Deren Gemeinsamkeit zu fördern anstatt sich wegen unterschiedlicher Einzelvorstellungen zu bekriegen, läge wahrlich auf der Linie, sich diesem Größeren Wahren verpflichtet zu wissen.

„den Vater" ‚Vater' ist die erste Aussage des Glaubensbekenntnisses über Gott. Auf zwei völlig verschiedenen Pfaden kann man von diesem Wort aus denken: zum einen kann man das für Jesus typischen Reden von Gott als ‚Vater' in den Blick fassen, zum anderen die spätere trinitarische Unterscheidung von Gott, Jesus und heiligem Geist. Weil das Glaubensbekenntnis aus drei Artikeln besteht, die von Gott ‚Vater', Gott ‚Sohn' und Gott ‚Heiligem Geist' handeln, klingt in der Anfangsaussage ‚Vater' unweigerlich ein Hauch von Gliederung mit, gewissermaßen „Teil A: Gott senior".

Wird das Wort ‚Vater' aber in diesem Sinne gesprochen, ist es gleichsam als Überschrift verbraucht; als erste inhaltliche Aussage des Glaubensbekenntnisses treten dann die Worte „den Allmächtigen" in den Blick. Das wäre zu bedauern, denn Jesu Reden von Gott als Vater ist zu aufschlussreich, als dass man es gedanklich ausblenden sollte.

Sosehr wir daran gewohnt sind, Gott als Vater anzusprechen, so ungewohnt und neu war es, als Jesus das tat. Wir verdanken es Jesus, dass wir derart vertraut von Gott reden können. Er revolutionierte damit die Gottesanschauung. Für den gottgläubig Frommen vor Jesus war Gott vieles: ein Herr, dem man diente und gehorchte, ein Gesetzgeber, dessen Weisungen man folgte, ein Kriegsherr, der die Feinde derer, die er schützte und erwählte, niederschlug, ein ungleich überlegener Vertragspartner, der einen Bund gewährte, welcher solchen Schutz versprach, doch auch entsprechenden Gehorsam forderte, ein ‚eifernder Gott, der die Sünden der Väter heimsucht … und wohltut denen, die ihn lieben', ein Liebhaber des Rechts und der Barmherzigkeit nach den Propheten, doch auch ein Rächer und Vernichter aller Bosheit nach den alten Mythen, der Städte mit Feuer verbrennt und nahezu die ganze Menschheit im Wasser ertränkt, ein erschreckend hartherziger Gehorsamstester, der prüft, ob Abraham den eigenen Sohn zu schlachten bereit ist – Gott war für die Menschen vieles, nur eben zum größeren Teil kein ‚Vater'.

Nicht sehr früh und nicht sehr häufig und nicht sehr zentral wird im alttestamentlichen Schrifttum Gott bisweilen als Vater bezeichnet: als Vater des David-Nachfolgers, wenn dessen leiblicher Vater oder Ahnherr David nicht mehr am Leben sein und sich Gott selbst um ihn kümmern werde und ihn mit „menschlichen Schlägen und Menschenruten" einerseits, mit seiner beständigen göttlichen Gnade aber andererseits lenken wolle (2 Sam 7,14), des Volkes (z.B. Jer 31,9), des messianischen Königs (Ps 89,27) und vor allem der ins Exil* Zertretenen, denen die ‚eigentlichen' Väter, Abraham und Jakob („Israel") nicht mehr helfen können, weil sie keine aktuelle Macht mehr besitzen (Jes 63,16). In solchen Vater-Bezeichnungen wird Gott aber im Grunde stets auf seine höheren Einflussmöglichkeiten, seine Autoritätsposition, seine väterliche Dominanz und Verantwortung hin angesprochen, nicht auf seine intime vertraute Nähe.

Ein vertrauter, liebender, naher, gütiger Vater ist Gott in der Gedankenwelt Jesu. Sein Mustergebet, das Vaterunser, beginnt mit der Anrede „Vater" (Lk 11,2 par Mt). Seine schönsten Worte des nichtsorgenden Vertrauens sprechen vom ‚Vater', der weiß, wessen die Kinder bedürfen (Lk 12,30 par Mt). Im Gleichnis vom ‚Verlorenen Sohn' schildert er einen menschlichen Vater, der den gescheiterten Heimkehrer bedingungslos großzügig aufnimmt (Lk 15), und zeichnet damit auch ein neues Bild von Gott. Wenn schon kein menschlicher Vater seinem bittenden Sohn statt eines Brotes einen Stein geben werde, so brauche man das noch weniger von Gott befürchten (Mt 7,9 par Lk). Der Johannesevangelist lässt Jesus durchweg zu Gott als ‚Vater' beten und von ihm als ‚Vater' sprechen – Jesu tatsächliches Reden an diesem Punkt kongenial nachempfindend. Aus zwei Stellen bei Paulus (Gal 4,6; Röm 8,15) geht hervor, dass die Christen im neuen Geist der „Sohnschaft", der „Kindschaft", zu Gott rufen „Abba, Vater" – doch nicht nur dies: Wenn im griechisch geschriebenen Paulusbrief das Wort ‚Vater' zweisprachig begegnet, griechisch die aramäische, in griechischen Buchstaben wiedergegebene Fassung erläuternd, diese noch dazu in der Gestalt des Kinderwortes „Abba", dann darf angenommen werden, dass das „Abba" stehendes Zitat ist, dass also Jesus auf Aramäisch so sprach (vgl. Mk 14,36). Es mag gewöhnungsbedürftig sein, sich das Vaterunser im Munde Jesu vorzustellen als an „unseren Papi" gerichtet – aber es scheint, als habe Jesus das Gefühl der Vertrautheit zu Gott, das er zu propagieren und zu vermitteln wünschte, selbst auf solche Weise artikuliert.

Nun gilt es eines zu begreifen: es geht bei derartigen Änderungen der Begrifflichkeiten nicht primär darum, wie wir Menschen Gott *nennen*. Unsere Begriffe und Namen sind Gott gegenüber ohnehin unzureichend. Sondern es geht darum, wie wir Menschen *uns selbst vor Gott fühlen*. Die Wortwahl, mit der wir Gott beschreiben oder anreden, zeigt auch, wie wir uns vor ihm empfinden, sie legt auch die religiösen Ideale fest, denen ein gottverbundener Mensch folgen und nachleben will. Wenn Gott als Gesetzgeber gesehen wird, dann muss der gottesfürchtige Mensch vor allem Gebotsgehorsam leisten. Wenn Gott als Bundespartner gesehen wird, muss der Fromme alles daran setzen, diesen Bund nicht zu verletzen. Wenn Gott als oberster Kriegsherr gesehen wird, kann es ein gottgefälliges Werk sein, in seinem Namen meine und seine Feinde, die zumal nicht *diesen* Gott verehren, abzuschlachten. Von Gott reden, sagte Rudolf Bultmann einst, heißt immer auch, vom Menschen zu reden. Meine Gottes-Anreden haben enorme Konsequenzen für meine Gottesbeziehung, mein Selbstverständnis vor Gott, meine Beziehung zu anderen Glaubenden und für meine religiösen Zielvorstellungen.

Wenn Jesus von Gott als ‚Vater' spricht – dann bin ich ‚Kind'. Was erwartet ein ‚Vater' von seinen Kindern? Dass sie sich lieben und vertragen, dass sie sich als Geschwister sehen, dass sie Vertrauen zu ihm haben, dass sie sich sowohl von ihm freiwillig und im Guten leiten lassen, als auch selbst mündig werden, ihre eigenen Wege in seinem Sinne zu suchen, dass sie selbst so werden wollen wie er, dass sie es ihm

nachtun. *Wenn Gott unser ‚Vater' ist, bedeutet das: Die Ziele der Religion für uns Menschen sind Grundvertrauen, Gottesnähe, Geschwisterlichkeit, mündige Freiheit und Liebe.*
Gott als ‚Vater' anzusprechen, befreit auch von unnötig übertriebener Servilität. Man stelle sich nur einmal vor, im Bereich menschlicher Herrschaftsformen würde etwa die Anrede gegenüber einem Fürsten des 18. Jahrhunderts von „Allerdurchlauchtigster Gnädigster etc. etc. xy" umgestellt auf „Freund xy" – welche Masse an Unechtheit würde überflüssig! Gegenüber Gott meinen viele Fromme, ihre Frömmigkeit darin erweisen zu müssen, dass sie Gott ständig förmliche Ehrerbietung antragen und so seinen Zorn beschwichtigen. Ein solcher Gott ist ‚fern'; wenn ich ihn so ‚verehre', halte ihn geradezu auf Abstand, und ich selbst werde unterwürfig, werde dabei – unecht. Vor den guten ‚Vater' trete ich ganz anders: der ist nahe, ich fühle mich geliebt und geachtet, weil er mich mag, weil er mich schätzt, ich bin echt bei mir und zugleich echt vor ihm. Welche Erlösung von äußerer und falscher Frömmigkeit! Die Frage stellt sich: halten wir auch noch als Christen vielleicht deshalb manchmal am alten System fest, weil wir dann nicht so echt sein brauchen vor Gott? Wenn Jesus Gott ‚Vater' nennt und uns einlädt, das auch zu tun, ändert er nicht nur eine Anrede, er ändert das Grundgefühl der Gottesbeziehung.

„**den Allmächtigen**" Dieser Gott, wird als nächstes gesagt, sei ‚der Allmächtige'. Einerseits gehört es zum Wesen jeder Gottesvorstellung, sich die Gottheit als den Menschen deutlich überlegen vorzustellen. Andererseits waren die Götter der klassischen Antike keineswegs ‚allmächtig' – sie waren ‚unsterblich', aber nicht frei von Begrenzungen ihrer Macht und ihrer Zuständigkeit. Logischerweise können Götter eines polytheistischen Götterhimmels auch nicht alle zugleich allmächtig sein. Es war das Verdienst der Prophetie Israels, seinen einen Gott als unbeschränkten Herrscher über die Völker zu proklamieren und gerade in nationalen Notzeiten als durchtragende Hoffnung den Gedanken zu entwickeln, dass dieser Gott des kleinen Israel sogar die altorientalischen Großkönige als seine Werkzeuge benutzt und, weil er der einzige Gott ist, als Herr der Weltgeschichte gesehen werden muss. Der Gedanke der Allmacht liegt auf der Linie des Monotheismus. Andererseits führt der Gedanke eines einzigen allmächtigen Gottes unweigerlich in die logischen Strudel der Theodizeefrage*. Wie kann die Welt derart offenkundig wahrnehmbar voller Unrecht sein, wenn sie von einem allmächtigen Gott gelenkt wird? Die Antworten der Religionen auf diese Frage sind vielfältig, aber allesamt mühsam konstruiert. Auch hochrangige theologische Entwürfe sind bisweilen nicht weniger prämissenverknotet als die Konfirmanden-Scherzfrage „Kann Gott einen Stein schaffen, der so schwer ist, dass er ihn nicht heben kann?", die bei der Antwort „Ja" ebenso wie bei der Antwort „Nein" gegen Gottes Allmacht ausgeht. Vermutlich steigen wir Menschen auf das Karussell des Zirkelschlusses auf, sobald wir logische Aussagen *über* Gott konstruieren. Die Geschichte der Gottesbeweise ist voller Beispiele dafür. Es ist zweierlei, ob ich Gottes Allmacht denkend erfassen oder ob ich mich in meinem Grundvertrauen nicht erschüttern lassen will, weil ich hilfreich überraschende Wendungen für möglich halte.

Wenn Jesus vom ‚Berge versetzenden Glauben' redet oder sagt „Bittet, so wird euch gegeben" (Mk 11,23; Lk 11,9 par Mt), dann verwendet er eine kraftvolle Metapher und formt eine Art geistig-psychischen Energieerhaltungssatz: Suchen wird letztlich vom Finden belohnt wie Anklopfen vom Öffnen und Bitten vom Beschenktwerden. Das ist Ausdruck seiner Lebensphilosophie und seines Gottvertrauens, nicht Lehrsatz. Wenn später der Johannesevangelist (16,23b) Jesus sprechen lässt „… wenn ihr den Vater etwas bitten werdet, so wird er es euch geben in meinem Namen", dann empfindet man, wie Johannes hier sich anschickt, die nachformulierte Zuversicht Jesu an und über die Grenze einer belastbaren Lehraussage zu treiben.

Interessanterweise begegnet der Begriff ‚allmächtig', der zu solchen Überlegungen führt, nicht in der griechischen Urfassung des Glaubensbekenntnisses, wie sie schon durch das ‚Romanum' aus dem 2. Jahrhundert belegt ist. Erst der lateinische Text spricht vom Glauben an Gott, den „Allmächtigen Vater", „patrem omnipotentem". Im Griechischen steht θεὸν πατέρα παντοκράτορα (‚theon patera pantokratora'). Das aber hat einen anderen Klang: der ‚Pantokrator' ist der ‚Allherrscher', der ‚alles' in der ‚Gewalt' hat, der mit ‚Kraft' der Herr ist über ‚alles', der ‚Universalherrscher'. Nicht so sehr seine Kompetenz wird sachlich auf unendlich definiert, sondern er persönlich wird zum einzigen Regenten erklärt: Kein anderer herrscht gleichartig neben oder gar über ihm. (Diese Vorstellung und dieser Titel des Pantokrators ist später in der Ostkirche auf den erhöhten Christus übertragen worden,

bildlich bekannt in den Darstellungen eines auf der Weltkugel thronenden Christus.)
Auch dieser Gedanke, dass es über Gott keinen höheren Herren mehr gibt, hat eine existentiale Komponente, ist wichtig nicht nur als Aussage über Gott, sondern noch mehr für mein eigenes Selbstverständnis. Es folgt daraus nämlich: Ich brauche auf niemanden sonst, der Herr zu sein vorgibt, Rücksicht zu nehmen, keinem *mehr* gehorchen, mich von niemandem und nichts *mehr* bestimmen lassen als von Gott – und der ist, wie gesagt, mein liebender Vater. Das macht frei von allen falschen Herrschaftsansprüchen der Menschen und ihrer – reichlich selbstproduzierten – Götzen.

„den Schöpfer des Himmels und der Erde." ‚Himmel und Erde' sind nicht zwei Teilbereiche der Welt, sondern Himmel plus Erde sind nach dem Weltbild, das seit alttestamentlichen Zeiten das biblische Denken beherrscht, die ganze Welt. Man stellte sich die Welt so vor, dass über der Erdscheibe, vom unteren Meer umgeben, sich der Himmel spannte, das Himmelsgewölbe, ein irgendwie hohl-halbkugelförmiges Etwas, an dem die Bahnen von Sonne und Mond verliefen, an dem die Sterne befestigt waren und das nicht zuletzt das Wasser des oberen Meeres vom Überfluten der Erde abhielt. Auf der Erdscheibe und unter dem Himmelsgewölbe war der Lebensraum der Menschen.
Wenn Gott als Schöpfer von ‚Himmel und Erde' bezeichnet wird, so würde dem heute entsprechen, ihn Schöpfer des ‚Alls' zu nennen. Himmel und Erde waren das Ganze.
Die Schöpfungsvorstellung des Alten Testaments ist vom Weltbild des Alten Orients und der zeitgenössischen Naturkunde geprägt. Das Weltbild, das aus dem ersten Kapitel der Bibel, Gen 1, klar hervorgeht und der dortigen Erzählung zugrunde liegt, wird das Babylonische Weltbild genannt; Israel hat es während der Babylonischen Gefangenschaft intensiv kennengelernt. Zuvor besaß Israel ein weniger entwickeltes, naturkundlich schlichteres Bild von der Welt. Diese ältere Fassung ist im zweiten Kapitel der Bibel, in Gen 2, deutlich zu sehen. Was im Vergleich dieser beiden ersten Kapitel ebenfalls deutlich zu erkennen ist, aber gerade von schöpfungsfundamentalistischen Kreisen übersehen zu werden pflegt, ist der Umstand, dass die Erschaffung der Welt in den ersten beiden Kapiteln der Bibel *zwei mal*, und zwar durchaus verschie-

den, vorgestellt wird, in einer älteren und in einer jüngeren Version – die Grenze der beiden Fassungen verläuft mitten durch den Vers 4 von Gen 2.

In der zuerst begegnenden Fassung wird ‚erzählt', d.h. vorgestellt, wie Gott das anfängliche „Tohuwabohu" (תֹהוּ וָבֹהוּ Vers 2; Luther übersetzt: ‚wüst und leer') ordnet, als Erstes Licht entstehen lässt (das noch nicht von den Himmelskörpern ausstrahlt, die erst später erschaffen werden), dem Licht und der Finsternis je einen zeitlichen Bereich zuweist, so dass der erste Tag sich bildet, wie er dann eben jenen ‚Himmel', die Himmelsfeste ‚macht', welche die oberen und die unteren Wasser scheidet, wie er unter dieser Feste dem Wasser und dem Trockenen räumlich seinen Ort gibt und so das Erscheinen von Land ermöglicht, wie Gott nun das Land, die Erde, mit samentragenden Pflanzen sich begrünen lässt, die Himmelslichter (jetzt erst) an die Himmelsfeste setzt, das Wasser und die Luft mit Tieren entsprechender Art füllt, am „sechsten Tag" die Landtiere schafft, schließlich als sein „Ebenbild" den Menschen – und am „siebten Tage" ruht.

Die Erzählung ist bekannt. Sie ist, wie alle großen Mythen, symbolisch und tiefenpsychologisch fruchtbar auszulegen. Auf der Ebene des ‚Erzählten' enthält sie real nicht existente Dinge wie die Himmelsfeste, die als Himmelszelt oder Sternenzelt allerdings bis heute in der Lyrik fortlebt, sie enthält aber auch bemerkenswert richtige Einsichten wie die Reihenfolge der Entstehung von Pflanzen, Wassertieren, Lufttieren, Landtieren und Menschen. Sie ist in sich positiv, denn Gott beurteilt mehrfach zufrieden das Geschaffene als „gut" und „sehr gut" (Gen 1,31), sie ist trotz des dargebotenen zeitgenössisch naturkundlichen Wissens vergeistigt, denn Gott schafft durch das ‚Wort', dadurch, dass er „spricht: »es werde!«", und sie ist eigentümlich gegliedert, möglicherweise in mehreren Schichten einer dem Text angediehenen Bearbeitung – und als letzte und eigentliche Abzweckung der gliedernden Systematik erscheint, mehr noch als der Mensch, der *Sabbat* als Ziel der Aufzählung. Die später eingetragene Kapitelabgrenzung verdeckt wieder ein wenig, wie sehr die Erzählung auf 2,1–4a zusteuert. Der Sabbat, der seit dem Babylonischen Exil* konstitutive freie und für das Religiöse reservierte Tag der Juden wird als Schöpfungseinrichtung reklamiert!

Überraschend ist die Fortsetzung in 2,4b: es wird ausgeführt, dass es zu jener Zeit noch keine Sträucher auf dem Felde gab, kein Kraut, keinen

Regen, keinen Menschen – und der Leser fragt sich: wieso – gerade wurde dies doch alles geschaffen? Dann wird erzählt, wie Gott den ‚Menschen' (hebr. אָדָם, ‚Adam') aus ‚Ackererde' (hebr. אֲדָמָה, ‚Adamah') formt, ihm den Odem des Lebens in die Nase bläst und der ‚Mensch', der ‚Adam', so zu einem ‚lebendigen Wesen' (hebr: נֶפֶשׁ חַיָּה, ‚näphäsch chajah', einer ‚lebendigen Seele') wird. Erst jetzt – in deutlichem Gegensatz zu Kapitel 1 – pflanzt Gott einen Garten, den ‚Garten Eden' (Garten heißt griech. παράδεισος, ‚paradeisos' – unser Wort und unsere Vorstellung vom ‚Paradies'), inklusive zweier eigenartig verbotsbewehrter Bäume, und nach einem kleinen altorientalischen Geographie-Exkurs über die Lage des Gartens in der Nähe vier spezieller Flüsse fährt die Erzählung fort und beschreibt, wie Gott den Menschen in den Garten setzt, damit er ihn ‚bebaue und bewahre'; der Mensch (hebr. eben ‚Adam'), immer noch solo und von Gott in seiner Einsamkeit als unglücklich erkannt („es ist nicht gut, dass der Mensch allein sei"), jetzt erst die Tiere hinzuerschaffen bekommt, die er zwar benennen darf, die ihm aber keine hinreichenden Gefährten sind – und darum versenkt Gott den Menschen schließlich in einen tiefen Schlaf, entnimmt ihm eine Rippe, formt daraus ein Weib, bringt die Frau dem Menschen – und der ist glücklich über dieses ihm gleichartige Geschöpf, das er als „Bein von meinem Bein" und „Fleisch von meinem Fleisch" erkennt.

Es ist ganz deutlich: Zwei eigenständige Erzählungen sind in den ersten beiden Kapiteln der Bibel aneinandergefügt. Die alttestamentliche Wissenschaft ordnet sie nach sprachlichen und theologischen Indizien (z.B. ist die Gottesbezeichnung hier und da eine andere) zweien der in den fünf Mosebüchern durchgehend ersichtlichen Quellenschichten zu: Kapitel 1 gehört zur „Priesterschrift", entstanden in exilischer* und nachexilischer Zeit, Kapitel 2 enthält Material älteren Ursprungs und zählt zum sogenannten „Jahwisten". Unabhängig von der Frage einer genauen Datierung des Jahwisten ist die Tatsache, dass der Jahwist in seiner Darstellung der Schöpfung (und der Flut) inhaltliche Motivparallelen zum altorientalischen Gilgamesch-Epos aus dem 2. Jahrtausend v. Chr. aufweist, ein Beleg für das hohe Alter des Stoffes.

Die an zweiter Stelle begegnende Schöpfungserzählung enthält also die ältere Überlieferung. Der quellenkritische Befund stimmt mit Beobachtungen überein, die jedermann treffen kann: die Vorstellung eines aus Erde gekneteten und lebendig gehauchten Menschen ist ebenso archaisch wie die der krassen Unterordnung der Frau unter den Mann und wie jene, dass anfangs nur jeweils ein Einzelexemplar von Mann und Frau (‚Adam und Eva') erschaffen worden seien – während in Kapitel 1 dies nicht vorausgesetzt wird, denn dort ist ‚Mensch' ein echter Gattungsbegriff, dort schafft Gott ‚den Menschen' so wie zuvor die diversen Tiere in unbestimmter Anzahl, ‚als Mann und als Frau' (1,27), d.h. in männlichen und weiblichen Exemplaren, gleichberechtigt. Kapitel 1 ist abstrakter, vergeistigter, Gott „knetet" hier nicht, sondern „spricht". Kapitel 2 erscheint zudem wie ein Bildausschnitt aus der größeren Welt von Kapitel 1: ein begrenzter Garten auf dem Bereich des trockenen Landes – von Himmel und Sonne, Mond und Sternen, ja vom Meer ist keine Rede. Die Verfasser von Kapitel 2 kannten wahrscheinlich das Meer nicht; sie lebten im Zweistromland (2,14); die Verfasser von Kapitel 1 dagegen haben ein fortgeschritteneres und geweitetes naturkundliches Wissen, und sie widmen sich in eigenartiger Ausführlichkeit (1,14ff) den doch als Lichtquellen nur noch mittelbar erforderlichen Himmelskörpern, der Sonne als großem Licht, dem Mond als kleinem Licht, den Sternen als „Lampen", denen die Aufgabe zugewiesen wird, auf die Erde zu scheinen, vor allem aber, Zeiteinteilung zu ermöglichen.

Alle diese seltsam erscheinenden Beobachtungen klären sich, wenn man sieht, dass Israel während seiner Gefangenschaft in Babylon das Babylonische Weltbild kennenlernte, es gegenüber dem in seiner eigenen alten religiösen Überlieferung enthaltenen als überlegen, als fortentwickelt empfand, es übernahm – und in seine heiligen Schriften einfügte! Aufgrund der neuen Naturkenntnis, die nun Sonne, Mond und Sterne, Meer und Himmelsfeste einschloss, erzählte man die Schöpfung der Welt durch Gott ein zweites Mal neu *und stellte diese neue Version in Gen 1 der alten von Gen 2 voran.*

Dass man der älteren Version den zweiten Platz zuwies, mag daran liegen, dass man sie als bewahrenswert, aber teilweise überholt empfand; vor allem aber wird die Reihenfolge durch den Umstand erzwungen, dass Kapitel 2 eine Fortsetzung in Kapitel 3 erfährt, denn die in Kapitel 2 im Garten Eden mitgepflanzten verbotenen Bäume samt Adam und Eva werden in Kapitel 3 bekanntlich zu Elementen und Akteuren einer dramatischen Handlung eines alten Mythos. Die neue Schöpfungsversion unmittelbar vor die ‚Sündenfall'-Geschichte zu stellen, verbot sich; sie hätte den Erzählungszusammenhang zwischen den jetzigen Kapiteln 2 und 3 zerrissen.

Eines aber veränderten die priesterschriftlichen Verfasser von Kapitel 1 an dem in Babylon Gelernten sehr deutlich: für die Babylonier waren die Sterne Götter. Dieses Element wird nicht nur getilgt, es wird regelrecht karikiert: Gott – der Gott Israels! – *schafft* die Sterne, sie sind nichts anderes als „*Lichter*" – also keine Götter – und weist ihnen ihre Funktion zu: zu scheinen auf die Erde und als Zeitgeber zu wirken, zu „scheiden Tag und Nacht" (bezüglich Sonne und Mond) und „zu geben Zeichen (Markierungen) für Zeiten, Tage und Jahre". Eine göttliche Herrschaft oder eine Bestimmung oder eine (astrologische) Zeichengebung für das Geschick der Menschen wird den Sternen somit abgesprochen.

Israel nimmt die naturwissenschaftlichen Kenntnisse der Babylonier dankend an, tilgt aber im gleichen Moment deren religiöse Implikationen. Die Astrologie, die Folge des Babylonischen Sternengötterglaubens bis heute, wird nicht nur ausgeblendet, sie wird verspottet: ‚eure Sterne sind Lämpchen, die *unser* Gott geschaffen hat'.

Das hat eine Verschiebung in der Himmelsvorstellung zur Folge, die bis heute nachwirkt: Für die Babylonier war der ‚Himmel' wirklich der Ort der Götter, der Sternengötter. Für Israel ist der ‚Himmel' nicht in dieser unmittelbaren Art Sitz Gottes; der Sprachgebrauch drängt notwendigerweise ins Metaphorische. „Aller Himmel Himmel können Dich nicht fassen", sagt Salomo im Tempelweihgebet (1 Kön 8,27). Die Frage, wo der Ort Gottes sei, wenn er doch nicht wie ein babylonischer Sternengott unter der Himmelsfeste, mit gutem Blick auf die Erdscheibe, sitzt und wenn doch über der Himmelsfeste wiederum Wasser anzunehmen ist (das etwa bei der Sintflut durch die „Schleusen des Himmels" herabstürzt, Gen 7,11), kann von den Israeliten nicht mehr so simpel beantwortet werden wie von den Babyloniern.

Wir stehen vor der verblüffenden und respektgebietenden geistigen Leistung der in Babylon gefangenen Israeliten, von ihren Feinden deren höherentwickelte Naturkenntnis anzunehmen, deren Religion aber nicht nur nicht mit aufzunehmen, sondern das übernommene ‚Wissen' sogleich einzubauen in den eigenen Gottesglauben. Macht man sich die Größenverhältnisse klar, dann staunt man vor der Forschheit, mit der die Exil-Israeliten zu sagen wagten: das alles, was wir von *euch* gelernt haben, das hat *unser* Gott gemacht.

Bedenkt man, wie die Verschleppung in die Babylonische Gefangenschaft nach dem Untergang Jerusalems und der Zerstörung des Tempels, zusammen mit der folgenden Begegnung mit der überlegenen Hochkultur der Babylonier, auch zu der Schlussfolgerung hätte führen können, dass eben nicht nur die Babylonier den Israeliten, sondern – und so zu denken, lag in alter Zeit nahe – auch die Babylonischen Götter dem Gott Israels offensichtlich überlegen seien, so erkennt man die Leistung, die hinter dem Ausformulieren der Schöpfungserzählung von Gen 1 steht.

Vor diesem Hintergrund kann und muss manchen heutigen schöpfungsgläubig-fundamentalistischen Rückgriffen auf die ersten beiden Kapitel der Bibel klar widersprochen werden – und zwar gerade im Namen derer, die diese großartigen Texte geschrieben haben: Man sollte sich nicht auf ein ‚biblisches Zeugnis' berufen, ohne die Zweischichtigkeit der biblischen Schöpfungskapitel Gen 1 und 2 überhaupt wahrzunehmen; man kann im Namen von Gen 1 nicht fortgeschrittene Naturerkenntnis strikt ablehnen, anstatt zu begreifen, wie sehr es darauf ankäme, sie in den eigenen Gottesglauben zu integrieren, wie es Israel 500 Jahre v. Chr. beispielhaft bereits getan hat. Man kann nicht Erkenntnisse über die Evolution mit mythischen Aussagen bekämpfen und die Schöpfungsmythen als exakte Beschreibung verstehen. Man sollte nicht einmal leichthin von ‚Schöpfungsberichten' sprechen; die Schreiber von Gen 1 wussten gewiss, dass sie nicht reale, gar dokumentierte Vorgänge beschrieben, sondern alte Vorstellungen auf einen neuen Stand brachten. Sogar das Gliederungsschema der sieben Tage wird von Schöpfungsfundamentalisten gerne wörtlich verstanden und unter Verweis darauf jeder Gedanke an evolutionär lange Zeiträume verweigert – die schlauen Verfasser der Priesterschrift dagegen wussten, dass sie ihre Forderung nach einem freien Tag pro Woche, zumal in feindlicher Umgebung, in der dieser Tag der Besinnung auf die eigene Religion und die eigenen Überlieferungen eine Frage des Bewahrens der eigenen Identität war, in die Schöpfungserzählung einbauten; sie gaben dem Sabbat, ihn jeder Hinterfragung entziehend, mit einem literarischen Kunstgriff das Gewicht einer Schöpfungsordnung Gottes.

Kehren wir zurück zum Glaubensbekenntnis: wenn jemand Gott als Schöpfer des Himmels und der Erde bekennt, dann schließt das ein, sich einerseits den Gottesglauben von keiner neuen naturwissenschaftlichen Erkenntnis verderben zu lassen, andererseits aber keine neue naturwissenschaftliche Erkenntnis wegen dieses Glaubens abzulehnen, sondern beides zu verbinden und den Gottesglauben sozusagen inhaltlich mitwachsen zu lassen. Es schließt die geistige Beweglichkeit ein, alte Vorstellungen aufzugeben. Hätten die Verfasser der Priesterschrift darauf beharrt, die alte Version der Schöpfungserzählung exklusiv und unverändert verpflichtend zu machen, hätten sie vor den Aufgaben ihrer Zeit versagt, nicht nur naturwissenschaftlich, auch theologisch, auch vor der ihnen geschichtlich zugewachsenen Aufgabe, den alten Gottesglauben hinüberzuretten in eine neue Epoche voller existenzbedrohender Schwierigkeiten.

Die christliche Kirche hat vor diesem Maßstab versagt. Sie wusste Galileo und Bruno nur zu verdammen und zu verbrennen. Sie hat die Chance nicht gesehen, dass ein Christ angesichts neuer Entdeckungen in der Natur neu und fröhlich über Gott hätte staunen können.

Wenn aber Gottesglaube und Naturerkenntnis im Dialog stehen – warum setzt man dann nicht Gott und Natur gleich in eins, entsprechend der alten pantheistischen Formel ‚deus sive natura' (ob man ‚Gott oder die Natur' sagt, bleibt sich gleich) –, Physiker, die sich um eine Weltformel bemühen, wären dann Gottsucher?

Zunächst ist hier wiederum die bereits an zwei Stellen exemplifizierte Umkehrung der Aussagerichtung zu bedenken: Klarer als das, was ich über Gott auszusagen versuche, kann ich verifizieren, wie sich mein Selbstverständnis ändert, wenn ich es aussage. Wenn ein Naturforscher sagt, das Universum sei in seiner unvorstellbaren Größe unglaublich geordnet und, insofern es uns Menschen unwahrscheinlich einjustierte Lebensbedingungen bietet, uns gewissermaßen ‚freundlich', oder wenn ein Philosoph sagt, das ‚Sein' sei letzten Endes ‚gnädig', dann spricht aus beidem ein Selbstverständnis, das zumindest in eine ähnliche Richtung weist wie jenes, das aus Jesu Vater-Verständnis rührt.

Und doch ist ein Unterschied: wenn wir sagen, Gott sei der *Schöpfer* der Welt, dann ist er nicht das Lebensprinzip der Welt oder ihre innere Formel, geht er nicht in der Welt auf, sondern ist ein Gegenüber zu ihr. Kann das aber als wichtige Unterscheidung reklamiert werden, wenn wir doch weder Welt noch Gott umfassend beschreiben können? Es kann, wiederum in der Unterscheidung meines Existenzverständnisses: Wenn ich sage, daß Gott die Welt geschaffen hat, dann meine ich damit beileibe nicht, er habe dies so getan, wie es in Gen 2 vordergründig bildhaft zu lesen steht, dass er etwa den Menschen aus Lehm geknetet und anschließend lebendig gepustet hat. Sondern dann meine ich, was hintergründig schon immer mitgesagt und mitgedacht war, dass hinter dem Lehm eben noch etwas anderes steht, der ‚Atem Gottes' als das entscheidend Wichtige, hinter der Materie der Geist, hinter der Welt Gott. Die Frage ist nicht, ob wir die Schöpfungsbilder des Alten Testaments wörtlich nehmen oder besser nicht; die Frage ist, ob wir mit einer geistigen Größe rechnen, mit einer immateriellen Kraft, die alles belebt und aus der alles kommt. Die Frage ist, ob die Materie den Geist schafft oder umgekehrt. Und diese Entscheidung hat Folgen bis hinein in mein tägliches Verhalten. Ich lebe nämlich anders und entscheide mich anders und habe nicht mehr vor Götzen Respekt, sondern nur noch vor Gott, wenn ich mich entschieden habe für die Deutung: *der Geist regiert die Materie.*

„Ich glaube an Gott, den Vater, den Allmächtigen, den Schöpfer des Himmels und der Erde": dieser Satz, recht verstanden, ist nicht nur eine Aussage darüber, auf welchen Gott ich vertraue, sondern auch darüber, wie ich auf dieser Erde zu leben gedenke.

Der zweite Artikel

Der zweite Artikel des Glaubensbekenntnisses handelt von Jesus Christus. Von hier an bewegen sich die Aussagen durchweg auf neutestamentlichem Grund. Von hier an ist aber auch ihre Entstehungsgeschichte eine andere: wer Jesus war, das haben Menschen des ersten Jahrhunderts erst erlebt, dann mündlich weitergegeben, dann schriftlich aufgezeichnet, zunehmend aus Verkündigung, Katechese und Lektüre entnommen und bis zur Niederschrift – auch darüber hinaus, dann aber für uns klar nachvollziehbar – deutend bearbeitet, in Beziehung zum Alten Testament und zu ihrem überlieferten Glauben gesetzt und schließlich auf die Erfordernisse und Chancen der Heidenmission hin formuliert. Der Glaube an Gott hat selbstverständlich eine solch dichte, kurze, komprimierte, nachvollziehbare Entstehungsgeschichte nicht.

Der Glaube an Gott hat für viele, die ihn in eigenen Worten – zurückhaltender als bei Benutzung der Kirchensprache, aber aufrichtig formulierend – auszudrücken versuchen, etwas gewissermaßen Grundsätzliches, Grundlegendes: einen ‚Herrgott', ein ‚höheres Wesen' müsse es geben, denn die Welt sei schließlich nicht vom Menschen geschaffen, und jemand müsse das Ganze ordnend auf Gerechtigkeit hin lenken – um es mit Kants Worten zu sagen: „der gestirnte Himmel über mir und das moralische Gesetz in mir" weisen auf Gott. Mehr Konkretion, wie Gott sei, ist für den Gottesglauben vieler Menschen kaum erforderlich. Im Gegenteil, sie empfinden die drohende Möglichkeit, aus dem Einklang mit anderen herauszufallen, wollten sie den Einen, Höheren, Wahren zu detailliert beschreiben. Sogar die Gräben zwischen manchen Hochreligionen sind, solange man auf die reine Vorstellung eines allmächtig gerechten Höchsten abhebt, überbrückbar. Und wenn man bedenkt, dass die „Vater"-Vorstellungen, die oben zum Ersten Artikel vorgetragen wurden, von Jesus stammen, dann sagt das Glaubensbekenntnis, abgesehen von Jesu Beitrag, über Gott selbst nicht viel mehr aus, als dass er über alles herrscht und alles geschaffen hat. Das ist breit konsensfähig.

Nahezu spiegelbildlich umgekehrt verhält es sich bei Jesus. Er wurde von Anfang an als äußerst konkret Handelnder und Redender wahrgenommen. Schon zu seinen Lebzeiten fragten sich die Menschen, darüber erstaunt, „Wer ist dieser?", und vollends sein Tod und die Verkündigung seiner Auferstehung intensivierten die Frage. War er ein Prophet, der Messias, Gottes Sohn, ein Halbgott, Gott selbst? Und die Antworten verbinden weniger, als dass sie spalten. Sie spalteten das Christentum vom Judentum, sie spalten noch heute die Hochreligionen, die sich im Kern der Gottesfrage nahestehen würden. Bezüglich Gott bringen viele Menschen eine recht allgemeine ähnliche Vorstellung davon mit, was sein Wesen sei, und fragen dann erst, ob und wie sie denn mit diesem Gott auch persönliche Erfahrungen machen könnten. Mit Jesus hatten die Menschen von Anfang an höchst konkrete persönliche Erfahrungen und fragten anschließend intensiv, wie sie ihn einordnen sollten, welches Wesens er sei. Die letztere Fragestellung schwoll an, je mehr die konkreten Erfahrungen abnahmen: das zweite bis vierte christliche Jahrhundert erlebte keinen Zuwachs mehr an konkreter Jesusüberlieferung, aber diskutierte mit Inbrunst und Hingabe, mit Feindschaft und gegenseitiger Verdammung, mit vollem Instrumentarium der Philosophie und Ontologie, wer Jesus denn gewesen sei. Die Glaubensbekenntnisse, besonders das Nicäno-Konstantinopolitanische, sind auch ein Ergebnis dieses Diskurses.

So erklärt es sich, dass Jesus als „Gottes eingeborener Sohn" im Apostolischen Glaubensbekenntnis steht, im Nicänischen zudem als „Gott von Gott", „Licht vom Licht", „wahrhaftiger Gott vom wahrhaftigen Gott", „geboren, nicht geschaffen", „eines Wesens mit dem Vater" – aber dass rein gar nichts von dem ins Glaubensbekenntnis aufgenommen wurde, was Jesus gesagt, getan, gewollt und gelehrt hat. Die Lehre *über* ihn hat sein Programm verdrängt.

Das ist eine verblüffende Entwicklung, aber eine, die schon im Neuen Testament sichtbar beginnt. Jesus selbst wäre wohl sehr erstaunt, ja erzürnt gewesen, hätte man ihm gesagt, dass seine Anhänger gut hundert bis dreihundert Jahre nach ihm schier mehr Energie auf die Frage verwenden würden, wie er definiert werden könne, statt was er uns habe sagen und mit, für und an uns habe verändern wollen. In dieser Entwicklung steckt ein gutes Stück Ausweichen der Menschen vor seinem Anspruch. Jesu Programm fordert meine Nachfolge mit meiner ganzen Person und Existenz. Glaubenslehre *über* ihn aber erfordert nur noch ein orthodoxes Denken in den vorgezeichneten und anerkannten Bahnen.

Es ist einen Versuch wert, dieses eigenartige Defizit des Glaubensbekenntnisses durch Rekurs auf die neutestamentlichen Ursprünge seiner Aussagen ein wenig zu füllen.

„Und an Jesus Christus" Der Name Jesu war einzig ‚Jesus' – das Judentum gebrauchte einteilige Namen. ‚Jesus' war ein verbreiteter Name, zur Näherbestimmung trat die Angabe ‚von Nazareth' hinzu. Jesus, hebr. יֵשׁוּעַ (‚Jeschua'', mit dem semitischen Stimmritzen-Knacklaut ע am Schluss), in neutestamentlich-griechischer Wiedergabe Ἰησοῦς (‚Jēsūs'), bedeutet: ‚Gott hilft', der älteren Form „Jehoschua'" (‚Josua') bedeutungsgleich, vom Stamm ישׁע (‚jascha''), ‚helfen'.

‚Christus' ist keineswegs ein zweiter Name oder gar Nachname, sondern ein Titel. Das griechische χρίω (‚chriō') bedeutet ‚ich salbe', der Χριστός (‚Christós') ist ‚der Gesalbte'. Der lateinische Christus oder der griechische Christos ist kein anderer als der מָשִׁיחַ, (‚Maschiach'), der ‚Messias', der ‚Gesalbte' auf Hebräisch (vom Stamm משׁח, ‚maschach', salben). Der ‚Gesalbte' ist zunächst der König, denn im Alten Israel wurden Könige nicht etwa gekrönt, sondern gesalbt (z.B. 1 Sam 10,1; 16,13). Der König gilt als ‚Gesalbter *des HErrn*‘, denn man führt seine Würde, ja seine Auswahl auf Gott zurück (krass das Beispiel in 2 Kön 9). Die wechselvolle Geschichte Israels bietet fast durchweg Anlass, auf einen neuen machtvollen ‚Gesalbten‘ Gottes zu hoffen bzw. bei der Inthronisation eines Königs oder der Geburt eines Königssohnes an diesen höchste heilvolle Erwartungen zu richten – für Propheten (Jes 11,1ff), Psalmendichter (Ps 2,2ff; Ps 89,21ff) und gewiss die Erwartung des Volkes: der ‚Gesalbte‘ wandelt sich zu einer Hoffnungsgestalt; der ‚Messias‘, glaubt man, werde das Heil bringen. Da das Königtum in Israel nach der Niederwerfung durch die Babylonier nicht wieder aufersteht, verlagert sich ein Teil der königlichen Messiaserwartung auf eine charismatische priesterliche Hoffnungsfigur (Sach 4,14).

Zu Beginn des Johannesevangeliums sagt Andreas zu seinem Bruder Petrus (Joh 1,41): „Wir haben den Messias gefunden", und der Johannesevangelist erläutert: „– was übersetzt Christus heißt." Im Petrusbekenntnis Mk 8,29 geht Petrus über die Bezeichnungen, die das Volk Jesus beilegt, hinaus und sagt: „Du bist der »Christus«" und sieht damit die Messiaserwartung in Jesus erfüllt. Gewiss wurde der irdische Jesus sowohl von Anhängern als Messias gesehen als auch als solcher bezweifelt – Letzteres weil sein Auftreten nicht der durchschnittlichen Messiaserwartung entsprach. Erst nachösterlich trägt der Auferstandene für alle an ihn Glaubenden fest und unbestritten den Titel Christus. Vorösterlich ist die Anfrage des eingekerkerten Täufers interessant (Mt 11,2ff): als Johannes der Täufer „im Gefängnis die Werke des Messias [des Christus] hörte, schickte er über seine Jünger hin und ließ ihm sagen:»Bist du, der da kommen soll, oder sollen wir eines anderen warten?«" Johannes, der dem Volk gesagt hatte, er selbst sei nicht der Messias (Lk 3,15f), der einen ‚Kommenden‘ angekündigt hatte, ist sich nicht mehr sicher. Er war davon ausgegangen, dass der Kommende „mit der Worfelschaufel Spreu und Weizen trennen" werde (Lk 3,17), dass „die Axt den Bäumen schon an die Wurzel gelegt" sei (Mt 3,10), d.h. bis zum Gericht nur noch so viel Zeit bleibe, wie sie der Holzfäller zwischen dem schwungprüfenden Anlegen der Axt bis zum Hieb benötigt, dass das „Otterngezücht" der Pharisäer* und Saddzäer* diesem „kommenden Zorn" doch eigentlich nicht entgehen werde und solle (Mt 3,7) und er sie ohne unmissverständliche Zeichen der Umkehr nicht taufen möchte – Johannes erwartet ein baldiges Weltgericht und einen richtenden Messias und versteht offenbar seine Taufe als Schutz im bevorstehenden Gericht. Diese Erwartungen werden von Jesus enttäuscht. Entsprechend lautet seine Antwort (Mt 11,4f): „Gehet hin und saget Johannes wieder, was ihr höret und sehet: Blinde sehen und Lahme gehen, Aussätzige werden rein und Taube hören, Tote stehen auf und Armen wird das Evangelium gepredigt." Diese Antwort Jesu zitiert hörbar die Bilder der alttestamentlichen prophetischen Heilserwartung (Jes 29,18f, 26,19 und 61,1). Der Sinn ist nicht, dass Jesu Wunder an Blinden, Lahmen, Aussätzigen, Tauben oder gar Toten Johannes überzeugen sollen (so stellt es sich Lk 7,21 vor) – es ist eher umgekehrt wahrscheinlich, dass manche Wundergeschichten entlang diesen gängigen Bildern gebildet worden sind –, sondern dass Jesus sich in die Spur der heilenden und helfenden Heilserwartung der biblischen Überlieferung stellt und sich zu ihr bekennt und nicht zu der Spur der Gerichtserwartung. Blinden zum Sehen zu verhelfen und Lahmen zum Gehen, das sind nicht nur archetypische Hoffnungs- und Heilungs-Bilder der Alten Welt, die kaum jemand ausschließlich wörtlich verstehen würde, begegneten sie nur in der Poesie der Propheten, es sind auch metaphorisch verstanden treffliche Beschreibungen für das, was Jesus an den Menschen real wirkt: er öffnet die Augen, er ermutigt zum Voranschreiten, er holt Ausgestoßene in die Gemeinschaft zurück, er macht geistig Tote lebendig (vgl. die gleichfalls metaphorische Redeweise in Lk 9,60) und vor allem: er verkündigt die frohe Botschaft den ‚Armen', dem demütig-fromm-niedrigen Volk, das er selig preist (Mt 5,3), den ‚kleinen Leuten', er bringt die Basis des Volkes ohne die Vermittlung der Priesterschaft und der Gesetzeslehrer mit Gott in Verbindung. So sieht Jesus seine ‚messianische' Aufgabe. Den Ehrentitel Messias reklamiert oder gebraucht Jesus dabei selbst nicht.

Nachösterlich aber wird Jesus fest als ‚Christus' bekannt. Was uns wie ein Doppelname erscheint, war ein Bekenntnis: „Jesus Christus" heißt: *Jesus, der Messias'*; *„Jesus i s t der Messias"* (vgl. 1 Joh 2,22; 5,1).

In den Paulusbriefen, verfasst in den fünfziger Jahren des 1. Jahrhunderts und damit deutlich *vor* den Evangelien geschrieben, begegnet nahezu durchgängig die Doppelform ‚Jesus Christus' oder ‚Christus Jesus'. Gewiss werden Judenchristen aus dem ‚Christus' noch den ‚Messias' herausgehört haben, aber ebenso gewiss werden Heidenchristen, denen die jüdische Messiaserwartung fremd war, die Doppelform zu-

nehmend als Doppelnamen verstanden haben. So treten nun dort, wo die besondere Bedeutung Jesu ausgesagt werden soll, andere Titel hinzu, vor allem der „Sohn Gottes" oder der „Herr". Von beidem wird hier zu reden sein, denn genau diese zwei wichtigsten Bezeichnungen haben Eingang gefunden ins Glaubensbekenntnis.
Werfen wir zunächst noch einen Blick auf eine urchristliche Bekenntnisaussage, die in einem Paulusbrief begegnet, aber sichtlich älter ist als dieser Brief, jenen Hymnus, den Paulus in Phil 2 nicht verfasst hat, sondern zitiert: am Ende dieses alten Liedes heißt es, „jede Zunge solle bekennen, dass JESUS CHRISTUS DER HERR sei" (Phil 2,11), ἐξομολογήσηται ὅτι ΚΥΡΙΟΣ ΙΗΣΟΥΣ ΧΡΙΣΤΟΣ (‚exhomologēsētai hoti KYRIOS JESUS CHRISTOS'). Man empfindet deutlich, wie hier die Aussage, die vermittelt werden soll, bereits auf den Kyrios-Titel zielt, nicht mehr auf den Christus-Begriff. Das ‚Herren'-Bekenntnis drängt das ‚Messias'-Bekenntnis ab und trägt dazu bei, dass ‚Christus' zum Namen wird. Dies ist bei ehemaligen Heiden, die Christen werden, nicht anders zu erwarten. Der Ehrenname ‚Herr' ist auch für sie religiös besetzt, die antiken Kulte verehrten ‚Kyrioi', ‚Herren' – mit einem ‚Gesalbten', ‚Geölten' aber wissen sie nicht so viel anzufangen.

„seinen (eingeborenen) Sohn" Die mit Abstand wichtigste christologische* Aussage des Neuen Testaments und der kirchlichen Lehre bis heute ist die, dass Jesus Gottes Sohn sei. Wie ist sie zu verstehen? In welchem Sinne ist Jesus ‚Gottes Sohn'?
Überraschenderweise gibt das Neue Testament auf diese Frage nicht eine, sondern mehrere, sehr verschiedene Antworten. Vergleicht man die christologischen Konzepte der neutestamentlichen Autoren, so vernimmt man nicht nur eine Polyphonie, die sich vom *cantus firmus* späterer kirchlicher Lehre deutlich unterscheidet, sondern erkennt in den Aussagen aus den ersten Jahrzehnten der jungen Christenheit auch eine fortschreitende Entwicklung der Konzepte.
Zum Glaubenssatz erhoben wurde in der Folgezeit von den vielen bereitstehenden nur *ein* christologischer Entwurf, nämlich der, welcher den bekannten ‚Weihnachtsgeschichten', den Geburts- und Vorgeschichten bei Matthäus und Lukas zugrunde liegt; und ein zweiter trat hinzu und ging, als einziger kompatibler, mit diesem eine Verbindung ein, der Entwurf des Johannes. Die beiden spätesten Konzepte und

nicht die ältesten, ursprünglichsten, haben die kirchliche Lehre auf Jahrtausende geprägt.

Bei unserem Blick in das Neue Testament hinsichtlich seiner „Sohn-Gottes"-Aussagen beginnen wir mit ersten kleinen Beobachtungen, die sich auf Änderungen *nach* der Zeit seiner Niederschrift beziehen: an manchen markanten Stellen ist der Ehrentitel „Sohn Gottes" Jesus nachträglich beigelegt worden. Wo der Evangelientext ihn nicht enthielt, wurde er von späteren Abschreibern zugefügt. Dies belegt der Vergleich alter Handschriften als Ergebnis der Textkritik*.

Das älteste Evangelium, das Markusevangelium, etwa im Jahre 69 geschrieben, beginnt in Kapitel 1, Vers 1 mit den überschriftartigen Worten: „Anfang des Evangeliums Jesu Christi" (Ἀρχὴ τοῦ εὐαγγελίου Ἰησοῦ Χριστοῦ, ‚Archē tū euangeliū Iēsū Christū'). Aus dem zweiten Wort des doppelten Genitivs „des Jesus, des Christus" darf man durchaus den Titel heraushören, noch nicht den Namen, zu dem er später wurde: Anfang des Evangeliums „von Jesus", „dem Messias", dem ‚Christus'.

Dass Jesus der Messias, der erwartete Heilsbringer sei, war zunächst das Höchste, was nach jüdischem Denken über Jesus gesagt werden konnte. Nicht Markus, sondern Abschriften seines Evangeliums fügen an dieser Stelle einen dritten Genitiv hinzu: „des Sohnes Gottes". Der über das Judentum hinausgewachsenen Christenheit galt Jesus nicht mehr nur als Messias, zumal dieser Begriff eine innerjüdische Bezeichnung war, sondern als Sohn Gottes. Der Textbeginn des Markusevangeliums wird von den Schreibern späterer Handschriften entsprechend ergänzt.

Ein zweites, ähnliches Beispiel: Im bekannten Abschnitt des „Petrusbekenntnisses", in der Fassung, die von allen drei synoptischen* Evangelien die älteste ist, nämlich der des Markus (Mk 8,28f) fragt Jesus die Jünger „... und was meint ihr, wer ich sei?", und Petrus antwortet: „Du bist der Christus!" Auch dies ist wieder als Titel, nicht als Name zu hören: „Du bist der Messias!" Das war eine Spitzenaussage, die keiner Ergänzung bedarf. Doch wiederum fügen manche Handschriften die Erweiterung hinzu: „der Sohn (des lebendigen) Gottes." Hier ist es wahrscheinlich, dass die späteren Abschreiber den Markus-Text nicht nur entsprechend der theologischen Anschauung ihrer Zeit, sondern auch nach dem Wortlaut der Matthäus-Parallele in Mt 16,16 ergänzt haben. Matthäus, etwa 10 Jahre nach Markus schreibend und diesen weitgehend abschreibend und erweiternd, lässt Petrus nicht mehr nur bekennen, dass Jesus der Messias sei, sondern eben der Sohn Gottes. Bereits an solchen kleinen Beobachtungen wird sichtbar, was die großen hinzutretenden Textblöcke der Geburtsgeschichten noch deutlicher erkennen lassen, dass sich von Markus zu Matthäus oder von Markus zur Alten Kirche die Christologie entwickelt hat.

Bevor wir uns nochmals, ausführlicher, dem Evangelisten Markus, der um 69 schreibt, zuwenden, ist ein älterer Zeuge zu befragen, der Apostel Paulus, der seine großen Briefe in den fünfziger Jahren des 1. Jahrhunderts verfasst hat.

Paulus spricht durchgehend und in großer Dichte von Jesus als dem „Sohne Gottes". Es darf sich jedoch das Verständnis dieses Begriffs bei Paulus nicht auf eine andere Christologie späterer neutestamentlicher Theologen gründen. Die Frage ist: was sagt Paulus selbst über den Ursprung der „Gottessohnschaft" Jesu?

Erstaunlich deutlich ist dies im Präskript des Römerbriefes ausgedrückt. In Röm 1,1–4 stellt Paulus sich selbst vor als „Knecht Jesu Christi, berufener Apostel, ausgesondert zum Evangelium Gottes, das er zuvor verheißen hat durch seine Propheten in den Heiligen Schriften über seinen Sohn, der nach dem Fleisch entstanden ist aus dem Samen Davids, der aber nach dem Geist der Heiligung auserlesen ist zum Sohne Gottes in Kraft, aufgrund der Auferstehung von den Toten".

Interessanter als das, was Paulus in diesem langen Satz über sich selbst aussagen will, ist für unsere Fragestellung das, was er über Jesus aussagt: Jesus Christus, Jesus der Messias, ist einerseits „Sohn Davids" nach dem Fleisch, also nach seiner menschlichen Abstammung. Dies ist an mehreren Stellen und in mehreren Schichten des Neuen Testaments so dargestellt und vorausgesetzt, dass Jesus zu den Nachkommen Davids zählt. Zum anderen aber ist Jesus „nach dem Geist", also nach seiner göttlichen Herkunft, in Parallele zu seiner menschlichen Herkunft nach dem Fleisch, „Sohn Gottes", und zwar ist er zu dieser Gottessohnschaft „auserlesen", „auserwählt" (ὁρισθέντος, ‚horisthentos', ein Begriff vom gleichen Wortstamm wie bei der Selbstaussage des Paulus, er als Apostel sei ‚ausgesondert', ἀφωρισμένος, ‚aphōrismenos' für den Dienst am Evangelium Gottes), keineswegs geboren, sondern eingesetzt „in Kraft", ἐν δυνάμει, (‚en dynamei') „mit Kraft", „kraftvoll" eingesetzt, kraftvoll zu dem gemacht, was er nun ist, nämlich Sohn Gottes – wodurch?

Durch die Auferstehung von den Toten (ἐξ ἀναστάσεως νεκρῶν, ‚ex anastaseōs nekrōn'), „aus" ihr heraus!
Dieser weithin kaum wahrgenommene grundlegende Gedanke des Paulus besagt: Jesus ist Gottes Sohn nicht aufgrund einer wundersamen, wunderhaften, übernatürlichen Geburt, einer Jungfrauengeburt, wie es Jahrzehnte später Matthäus und Lukas darstellen, sondern er ist Sohn Gottes aufgrund einer machtvollen Erwählung und Einsetzung Gottes im Moment seiner Auferstehung. Gestorben ist Jesus sozusagen noch als Mensch, auferstanden aber ist er als Sohn Gottes. Aus dem menschlichen Tod ist der gekreuzigte Mensch Jesus von Gott herausgerissen worden in ein neues Leben, nicht wiederum ein menschliches Leben wie das zuvor gelebte, sondern in ein anderes, andersartiges, unvergängliches Leben, ein göttliches Leben. Man könnte sagen, Gott hat den toten Jesus aufgenommen in sein eigenes Leben, seine eigene göttliche Daseinsweise, und dadurch ist er nun wie Gott, dadurch ist er Sohn Gottes.
Deutlich ist zu erkennen, wie Paulus hier die Auferstehung Jesu anders sieht, als es die uns vertrauten Schlusskapitel der Evangelien tun: der Verbleib des Leichnams Jesu ist gänzlich irrelevant, die Geschichten vom ‚leeren Grab' waren noch nicht geschrieben. Wichtig für unsere Fragestellung aber ist: „Gottes Sohn" ist Jesus für Paulus nicht aufgrund einer seit Geburt mitgebrachten übernatürlichen Qualität, sondern kraft eines machtvollen Aktes Gottes, der den Gestorbenen herausreißt aus dem Bereich des menschlichen Todes in den des göttlichen Lebens. Auf diesem Vorstellungshintergrund sind die unzähligen Stellen zu lesen, an denen Paulus von Jesus als dem „Sohne Gottes" spricht.
Wenden wir uns nun wiederum dem Evangelisten Markus zu:
Markus, der als erster ein Evangelium schreibt, bietet, anders als die Verfasser der ‚Großevangelien' Matthäus und Lukas, keine Vorgeschichten, keine Geburtsgeschichten, keine ‚Weihnachtsgeschichte'. Diese langen legendenhaften Erzählungen, wie sie später in Mt 1–2 und Lk 1–2 als jeweiliges Sondergut des betreffenden Evangelisten und ganz offensichtlich als vom Evangelisten je selbst durchkomponierte, d.h. nicht mündlich in dieser Gestalt überlieferte Abschnitte begegnen, hat Markus nicht. Erst Matthäus und Lukas formen sie ja zu einem späteren Zeitpunkt. Sollte es vor Matthäus und Lukas Vorstufen dieser Geburtserzählungen gegeben haben, so würden sich diese keineswegs in die christologische Konzeption des Markus einfügen lassen.

Markus versteht die Gottessohnschaft Jesu völlig anders als die Geburtslegenden dies tun. Bei Markus ist Jesus Gottes Sohn durch eine Berufung Gottes, die zu Beginn seiner öffentlichen Wirksamkeit erfolgte. Der Mensch Jesus wird von Gott zu seinem Sohn berufen, gewissermaßen ‚adoptiert'. Man könnte sagen, Markus steht näher bei Paulus als bei Matthäus und Lukas; freilich verlegt Markus, verglichen mit Paulus, den Beginn der Gottessohnschaft vor in das Erdenleben Jesu, auf den Beginn seines Auftretens, nämlich auf den Zeitpunkt seiner Taufe.

Jesus wurde von Johannes dem Täufer getauft. Mit dieser Erzählung beginnt das Markusevangelium. Während Matthäus und Lukas dem Leser Jesus als göttlichen Knaben vor Augen malen, über dessen übernatürliches Wesen bereits alles Wichtige gesagt ist, bevor dieser Jesus selbst das erste Wort spricht oder die erste Handlung vollbringt, führt Markus Jesus als erwachsenen Menschen ein, ohne jede vorauszusetzende übernatürliche Herkunft, lässt ihn zum kurz geschilderten Johannes dem Täufer kommen und von diesem getauft werden. Hier dürften wir uns auf historischem Grund bewegen. Und bei dieser Taufe hat Jesus, so Markus, eine Vision, man könnte sagen ein Berufungserlebnis, denn ab jetzt tritt Jesus öffentlich auf und vertritt eigenständig eine Botschaft, die von der des Täufers Johannes abweicht, in dessen Gefolgschaft er sich ja eigentlich hatte hineintaufen lassen. Man könnte auch sagen, das Berufungserlebnis Jesu entspricht ein Stück weit dem der alttestamentlichen Propheten, denen zu Beginn ihrer Wirksamkeit jeweils auch eine Berufungsvision widerfuhr bzw. die ihr Auftreten im Namen Gottes mit einer solchen Erzählung legitimierten.

Bevor wir den Inhalt der Tauf-Vision Jesu interpretieren, ist der Klarheit wegen darauf hinzuweisen, dass mit minimalen Veränderungen auch hier wieder Matthäus (und ähnlich Lukas) eine maximale Verschiebung und Ausweitung in den ansonsten recht wortgetreu übernommenen Markus-Text einträgt: bei Matthäus wird das, was Jesus nach Markus visionär schaute, zu einem objektiven Geschehen, das als Ereignis berichtet wird. Bei Markus „sah" Jesus, wie sich die Himmel auftun (1,10), bei Matthäus heißt es (3,16) „und siehe, die Himmel *taten* sich auf". Die Vision wird zum Faktum.

Was „sieht" und „hört" Jesus nach Markus bei seiner Taufe? Dass sich die Himmel auftun, das Folgende also als Offenbarung und Kundgabe Gottes zu verstehen ist. Dass der Geist wie eine Taube auf ihn herab-

kommt, er also persönlich von Gott und seinem Geist gezielt angesteuert und mit etwas Übermenschlichem betraut wird. Dass eine Himmelsstimme ertönt, die nun die entscheidende Mitteilung ausspricht: „Du bist mein geliebter Sohn, an Dir habe ich Gefallen gefunden."
Ob diese Details der Vision von Jesus später mitgeteilt oder aber von seiner Umgebung so ausgemalt wurden (Letzteres ist wahrscheinlicher, siehe unten), kann hier offen bleiben. Wichtig ist für unsere Fragestellung einzig, wie sich Markus die Gottessohnschaft Jesu vorstellt. Und dies ist hier, in Mk 1,10f deutlich erkennbar: Jesus ist Gottes Sohn, weil und seit ihn Gott dazu erklärt und berufen hat. Gott stellt Jesus in seinen Dienst, so wie er die Propheten des Alten Testaments in Dienst genommen hat, und in der diesen Dienst begründenden Berufungsvision erklärt er ihn zu seinem „Sohn".
Jemanden zu seinem Sohn zu erklären, heißt, ihn zu adoptieren. Man nennt die Christologie des Markus eine „adoptianische". Bei Matthäus und Lukas wird Jesus als Gottes Sohn geboren, beim älteren Markus wird er zum Sohn Gottes gleichsam adoptiert.
Der Begriff der Adoption trifft das bei Markus Gemeinte recht präzise und ist sachgemäß: die Himmelsstimme nach Markus erweist sich als Zitat aus Psalm 2, Vers 7 (unter Beimischung des „Wohlgefallens" aus Jesaja 42, Vers 1). Dass als Text für die aus den geöffneten Himmeln zu vernehmende Stimme Gottes ein alttestamentliches Zitat gewählt wurde, zeigt, mit welchem Respekt die neutestamentlichen Autoren Gott ‚sprechen lassen' (vermutlich wird der im Detail unbekannte Inhalt des Berufungserlebnisses Jesu aus biblischem Material ‚rekonstruiert'). Der Psalm 2 ist aber seinerseits ein Lied zur Huldigung und Selbstdarstellung des „Königs" und „Gesalbten" (Vers 6 und Vers 2) Gottes, also des „Messias". Gegen ihn werden die „Könige der Erde" (Vers 2) nichts vermögen, denn der Messias-König ist den irdischen Königen unendlich überlegen, weil er „Gottes Sohn" ist (Vers 7), weil Gott zu ihm gesprochen hat: „Du bist mein Sohn, heute habe ich dich gezeugt."
Es ist völlig klar, dass der Psalm 7 in vorchristlich-alttestamentlicher Zeit nicht die Gottessohn-Vorstellung der späteren christlichen Theologie oder die Jungfrauengeburts-Vorstellung der Großevangelisten vorwegnimmt, sondern adoptianisch denkt: Gott nimmt einen erwählten Menschen in besonderer Weise an, erklärt ihn zu seinem Sohn und gibt ihm damit überlegene Macht.

In eben solcher Weise sprachen im Alten Orient die Könige bei ihrer Inthronisation. Sie bezeichneten sich als Sohn einer Gottheit und legten sich damit eine sie aus dem Kreis der Menschen heraushebende Würde zu. Nicht nur Markus zitiert einen älteren Psalm, sondern bereits der ältere Psalm greift wiederum eine ältere altorientalische Vorstellung von göttlicher Adoption auf. Dass es sich dabei um rechtlich vollgültige Adoption handelt, zeigt der eigenartige Ausdruck „heute habe ich dich gezeugt". Die anerkannte Zeugung des Sohnes durch den Vater war Ausdruck der Legitimität des Sohnes, der Rechtmäßigkeit des Erben der Macht. „Gezeugt" hat ein Vater seinen biologischen Sohn aber nicht „heute", sondern vor etlicher Zeit. Die Formel „heute habe ich Dich gezeugt" erweist sich als rechtliche, juristische Adoptionsformel in dem Sinne: ‚ab heute hast Du als mein leiblicher Sohn zu gelten'!

Die Rückverfolgung der Formel aus Markus 1 über Psalm 2 bis in altorientalische Zeiten ist nötig und hilfreich, denn sie verdeutlicht, wie sich Markus die Gottessohnschaft Jesu vorstellt: Gott hat diesen Jesus auserwählt und berufen, und zwar zu Beginn seiner Wirksamkeit, sein Wirken damit legitimierend und ermöglichend, und hat ihn zu seinem Sohn ‚adoptiert' und eingesetzt.

Diese Sohn-Gottes-Vorstellung des Markus hat nichts gemein mit der Jungfrauen-Geburts-Vorstellung des Matthäus und Lukas. Sie ist dem alttestamentlich-jüdischen Denken kompatibel, denn sie ist aus ihm entwickelt; die Vorstellung dagegen von einer Geburt eines halb menschlichen, halb göttlichen Wesens ist dem Judentum fremd, ja ist ihm ein Greuel.

Eben diese Vorstellung der Jungfrauengeburt aber, die bei Matthäus und Lukas (welche um das Jahr 80 und um 90 schreiben) ausführlich begegnet, die dem älteren, von ihnen übernommenen, Jesus-Stoff in den jeweils ersten beiden Kapiteln vorangestellt und so zum Schlüssel für das Verständnis Jesu erhoben wird, hat die bisher besprochenen Denkmodelle nahezu ganz verdrängt und in Vergessenheit geraten lassen. Bei Lukas und Matthäus ist Jesus nun Gottes Sohn – und dies wird jährlich zum Weihnachtsfest gelesen, besungen, bepredigt und verinnerlicht –, weil seine Mutter Maria unter Ausschluss ihres Mannes oder Verlobten Josef vom Geist Gottes schwanger wurde. Jesus ist „empfangen durch den Heiligen Geist" und „geboren aus der Jungfrau". Das Glaubensbekenntnis folgt einzig *diesem* Konzept.

Göttersöhne gibt es in der griechischen und römischen Mythologie zuhauf. Dass ein Gott mit einer menschlichen Frau ein Kind zeugt, war für die Angehörigen des hellenistischen Kulturkreises zur Zeit der urchristlichen Mission ein geläufiger Gedanke. Für das Judentum aber ist es ein unmöglicher Gedanke. Denn der Gott der alttestamentlichen Schriften ist, abgesehen von sehr menschlichen Zügen in manchen Erzvätergeschichten, im Wesentlichen anders als ein Mensch, inkompatibel dem Menschen, heilig, unbildhaft, geistig, unnahbar. Sein Angesicht kann man nicht sehen, ein Bild von ihm zu fertigen, ist unmöglich und strafbar. Allein schon sein Name ist so heilig, dass er nicht ausgesprochen werden darf. Will er besonders befähigte Menschen in seinen Dienst stellen, so beruft er sie und stattet sie mit seinem ‚Geist' aus, mit besonderer innerer und auch äußerer Kraft. Niemals aber zeugt er, nach dem Modell der griechischen Mythologie, mit einer Menschenfrau zusammen Heroen.

Das unbekümmerte Reden von Jesu Gottessohnschaft im Sinne einer Jungfrauengeburt durch göttliche Geist-Zeugung war erst möglich, als das junge Christentum durch die florierende Heidenmission in den Kulturkreis des nichtjüdischen Hellenismus hineinwirkte und eintrat. Für die zu missionierenden Heiden ersetzte nun der so verstandene „Sohn Gottes"-Titel regelrecht den alten, ursprünglichen jüdischen „Messias"-Titel. Was ein „Gesalbter" sei, wusste ein Heide nicht. Jesus dafür zu achten, dass er von Gott „gesalbt" sei, war ihm kaum möglich. Wohl aber verstand der Heide, dass ein Gottes-Sohn religiöse Verehrung verdiene. Göttersöhne kannte er aus seinem Kulturkreis auch.

Die Vorstellung von Jesu Gottessohnschaft durch wunderbare Geburt ist uns heutigen Christen immer noch die vertrauteste unter allen neutestamentlichen Entwürfen, nicht nur, weil die kirchliche Lehre sie über Jahrhunderte einzig verbreitete, sondern auch, weil sie dank der schriftstellerischen Begabung des Matthäus und ganz besonders des Lukas anschaulich und lyrisch erzählt vorliegt und sich jährlich zum Weihnachtsfest reproduziert. Dabei blenden wir aus, wie uns ansonsten das antike Denkmodell eines Göttersohnes fremd ist: wir reagieren wohl kaum bewundernd, sondern befremdet, wenn wir lesen, dass auch der Kaiser Augustus sich als Sohn des Gottes Apoll verehren ließ. Apoll zeugte ihn dadurch, dass er in Gestalt einer Schlange seine Mutter Atia des Nachts heimsuchte (Sueton, Divus Augustus 94).

Solche Vorstellungen müssen, wenn sie nur im Entferntesten auf den alttestamentlichen Gott übertragen werden, abstoßend, ja lästerlich

wirken für das Judentum. In der Tat wurde wegen der nun unvermeidlich nach hellenistischer Analogie verstandenen Gottessohnschaft Jesu der restliche Kontakt zwischen dem jungen Christentum und dem Judentum, aus dem es hervorgegangen war, belastet und zerrissen. Für einen streng monotheistisch denkenden Juden musste es nun so erscheinen, als verehrten die Christen einen zweiten Gott, nämlich Jesus, zumindest als Halbgott. Dies war Ursünde gegen das Erste Gebot. Es war Lästerung. Wenn in der Passionserzählung der Evangelien der Hohepriester an Jesus die entscheidende Frage stellt, ob er Gottes Sohn sei, dieser dies sinngemäß bejaht, der Hohepriester daraufhin seine Kleider zerreißt, „Lästerung!" schreit und dem gesamten Gericht nun die Todesstrafe als die einzig angemessene erscheint, so ist diese ganze Szene eine nachträgliche rückdatierte Konstruktion, eine später entstandene Erzählung, welche die unüberbrückbare Feindschaft spiegelt, die zwischen Juden und Christen der zweiten und dritten christlichen Generation eben wegen des heidnisch verstandenen Gottes-Sohn-Titels unversöhnlich verfestigt wurde. Zur Zeit des historischen Prozesses Jesu, im Jahre 30 oder 31, war der Sohn-Gottes-Titel nicht Gegenstand des Verhörs, er war im hellenistischen Sinne noch ebensowenig entwickelt, wie ihn Jesus sich selbst auch nicht beigelegt hat. Der historische Jesus hat nicht in diesem Sinne einer echten oder angemaßten Gottessohnschaft Gott gelästert, sondern er hat die exklusive Mittlerschaft der Priester und ihren Opferkult in Frage gestellt, das Gesetz des Mose in allen zentralen Bereichen durchbrochen und die religiöse Führerschaft von Priestern, Pharisäern und Schriftgelehrten als Heuchelei entlarvt. Grund genug für ein Todesurteil gab es; der Grund lag aber nicht in Begrifflichkeiten späterer Christologie*.
Im Übrigen hat die Frage, wie angesichts der wachsenden Bedeutung und des veränderten Verständnisses von Jesu Gottessohnschaft im urchristlichen Denken nun das Verhältnis von Jesus und Gott zu beschreiben und abzuklären sei und inwieweit das Christentum noch eine streng monotheistische Religion bleiben würde, nicht nur das Judentum kritisch bewegt, sondern auch die theologische Entwicklung innerhalb des jungen Christentums auf Jahrhunderte bestimmt: der christologische und trinitarische Disput bis hin zur Dogmenbildung war als geistige Aufgabe gestellt – um den Preis, die neutestamentliche Vielfalt zu verlieren.
Häufig wird im Zusammenhang der Jungfrauengeburts-Vorstellung auf

Jesaja 7,14 verwiesen: „Siehe, eine Jungfrau (‚junge Frau') ist schwanger und wird einen Sohn gebären, den wird sie nennen Immanuel (‚Gott mit uns')". Die recht regelmäßige Lesung dieser Stelle in den Weihnachtsgottesdiensten nährt die Deutung, der Prophet des 8. Jahrhunderts v. Chr. habe die ‚Weihnachtsgeschichte' und damit das Denkmodell des Matthäus und Lukas als reales Ereignis vorhergesehen. Doch von einer ‚Jungfrau' (παρθένος, ‚parthenos') spricht erst die griechische Übersetzung des Jesaja, im hebräischen Text ist von einer ‚Frau', einer jungen mannbaren Frau (עַלְמָה, ‛almah') die Rede: der Prophet erwartet und verheißt einen heilvollen Herrscher, der nur noch geboren zu werden braucht. Der Prophet spricht diese Erwartung in seine Zeit hinein aus. Man kann, über Jahrhunderte zurückblickend zwar sagen, in Christus sei diese Erwartung in Erfüllung gegangen. Ein Beleg oder Vorausverweis für die spezielle Gottes-Sohn-Konzeption der Evangelisten Matthäus und Lukas ist diese Jesaja-Stelle jedoch nicht.

Matthäus und Lukas transportieren, angelagert an ihre Erzählungen von der wunderbaren Geburt Jesu, beide noch eine andere, ältere Deutung der Gottessohnschaft Jesu, die mit der Jungfrauengeburts-Vorstellung keineswegs harmoniert:

Beide bieten nämlich einen Stammbaum Jesu dar, der die Ahnenreihe Jesu bis Abraham (bei Matthäus), ja bis Adam (bei Lukas) zurückverfolgt. Bei Matthäus (Kap. 1) läuft der Stammbaum vorwärts („Abraham zeugte Isaak, Isaak zeugte Jakob …"), bei Lukas (Kap. 3) läuft die Namensliste rückwärts („… der war ein Sohn Isaaks, der war ein Sohn Abrahams …"). In vielen Namensangaben differieren die beiden Stammbäume, in manchen Epochen, die etwa durch alttestamentliche Erzählungen gut belegt sind, stimmen sie überein. Folgt man bei Matthäus der streng männlichen Abstammungslinie, die durch das stereotype Wort „zeugte" noch unterstrichen wird, so ist man geradezu verwundert, dass die Linie und damit die Logik des Ganzen im letzten Glied (Mt 1,16) unterbrochen wird: „Jakob zeugte Joseph, den Mann der Maria, von welcher ist geboren Jesus, der da heißt Christus".

Sprache und Gedankenführung lassen die Vermutung zu, dass hier, am Ende der Namensliste, nachträglich geändert und der rein väterliche Stammbaum mit der anschließend breit ausgeführten Vorstellung von der Jungfrauengeburt harmonisiert wurde (eine alte Handschrift des 4. oder 5. Jahrhunderts, der sogenannte Sinaisyrer, bietet zu Mt 1,16 tatsächlich den Text dar, dass Joseph den Jesus zeugte.) Entsprechend verfährt Lukas (Lk 3,23): „Jesus ... ward gehalten für einen Sohn Josephs, der war ein Sohn Elis ...". Am Ende des lukanischen Stammbaumes, der die Ahnenreihe Jesu lückenlos bis zur Erschaffung der Welt, nämlich bis zu Adam zurückführt und sich damit natürlich in hohem Maße als konstruiert, nicht historisch, zu erkennen gibt, möchte man fragen, ob in der eigenartigen nahtlosen Einreihung Gottes in das Ende der Ahnenreihe („... der war von Seth, der war von Adam, der war von Gott.") nicht ein weiterer Versuch gesehen werden kann, den inzwischen allseits bekannten Gottes-Sohn-Titel Jesu auf eine Art und Weise zu begründen, die dem Judentum nachvollziehbar ist.

Weil aber Matthäus wie Lukas je einen eigenen Stammbaum Jesu überliefern, die beiden Fassungen nicht übereinstimmen, die Pointe der Stammbäume, nämlich der männliche lückenlose Rückbezug von der dominanten Vorstellung der Jungfrauengeburt zerstört wird, liegt die Vermutung nahe, dass nicht Matthäus und Lukas diese Stammbäume selbst erfunden und entwickelt und dass sie auch nicht auf die gleiche Vorlage zurückgegriffen haben, sondern dass sie jeweils ein bereits vorhandenes Beispiel einer wohl in mehr als zwei Exemplaren vorliegenden Gattung in ihren Text aufgenommen haben. Dann stellt sich aber die Frage, wer sich in der Zeit vor Matthäus und Lukas die Mühe einer vermeintlich exakten Rekonstruktion der Väterreihe Jesu macht: ein Mensch oder eine Gruppe aus dem jüdisch-alttestamentlichen Milieu, mit dem Ziel, Jesus als den Höhepunkt und Abschluss der Geschichte Israels darzustellen, weil in ihm alles kulminiert, was in der biblischen Überlieferung Rang und Namen hat. Wer solche Stammbäume aufstellt, schreibt für judenchristliche Leser, und er teilt gewiss nicht die Vorstellung von der Jungfrauengeburt, die seinem Vorhaben zuwiderläuft und ja in der Tat im endgültigen Textbestand bei Matthäus und Lukas eine Korrektur erforderlich macht.

Vermutlich sind diese Stammbäume Jesu Zeugen einer Christologie* des frühesten Judenchristentums. Die Besonderheit Jesu wird nicht damit begründet, dass er Sohn Gottes ist (sieht man von der seltsamen und wahrscheinlich sekundären Formulierung im letzten Glied bei Lukas ab), sondern dass er Sohn der edelsten Väter und Könige Israels war. Diese Begründung bleibt im Raum der Immanenz, sie greift, auch wenn sie mythologische Namen einbezieht, nicht in den Raum der Transzendenz. Sie wirkt alt; und ihre von ihrem Alter herrührende

Bekanntheit mag ein Grund dafür sein, dass Matthäus und Lukas sie in ihr doch gänzlich anderes Konzept mit aufgenommen haben.

Reicht die Stammbaumlinie bei Lukas hinein ins Mythologische, nämlich bis zu den unhistorischen Gestalten wie Adam, Seth und Enosch, so wendet sie sich bei Matthäus ins Symbolisch-‚Esoterische'. Der Stammbaum des Matthäus ist auf Zahlensymbolik hin angelegt. Drei mal vierzehn Namen umfasst die Liste, und dieser Umstand wird, damit er nicht übersehen werde, in Mt 1,17 mit Nachdruck betont. Die Zahl 14 ist in der späteren Kabbala* – und war es vermutlich schon zur Zeit Jesu – die Zahl des Lebens, die auf die Zahl 13, die Zahl des Todes, folgt. Jesus als Sohn der 3 mal 14 ist sozusagen dreifacher Lebens-Repräsentant. Man möchte eine Anspielung auf die Auferstehung und das neue Leben in Christus darin vermuten. Und: die Zahl 14 ist die Zahl Davids. Die hebräischen Buchstaben haben zugleich Zahlenfunktion und Zahlenwert. Der Name David (דוד = 4 + 6 + 4) bedeutet, als Zahl gelesen, die 14. Jesus ist also drei mal Sohn Davids, sagt der Stammbaum. Solche Argumentationen und Anspielungen empfinden wir Heutigen als fremdartig und undeutlich. Kabbalistisches Denken aber bewegt sich in diesen Bahnen. Wir werfen hier noch einen Blick zurück in älteste judenchristliche Aussagen über die Bedeutung Jesu, die dem späteren Heidenchristentum kaum mehr zu vermitteln waren.

Übrigens entspricht nach hebräisch-kabbalistischem Denken die Zahl 14 auch dem „Fisch": der 14. Buchstabe des Alphabets, das *Zahl*-Zeichen 14, ist das Nun, נ, das gleiche *Buchstaben*-Zeichen נ aber bedeutet „Fisch" (נון, ‚Nun'). Jesus, der den gleichen Namen trägt wie der alttestamentliche Josua, Sohn des Nun (Jos 1,1), dürfte nicht erst auf der griechischsprachigen Ebene mit dem urchristlichen Symbol des Fisches halbverschlüsselt bezeichnet worden sein, sondern schon zuvor auf der judenchristlich-hebräisch-aramäischen Ebene. Die weitverbreitete Erklärung, das griechische Wort „Fisch", ΙΧΘΥΣ (‚Ichthys'), könne als Abkürzung für Ἰησοῦς Χριστὸς Θεοῦ Υἱὸς Σωτήρ (‚Jēsūs Christos Theū Hyios Sotēr'), „Jesus Christus, Gottes Sohn, der Heiland" gelesen werden, ist vermutlich eine Deutung zweiten Grades, entwickelt auf der sekundären Kommunikationsebene des Griechischen.

Wenden wir uns nun noch dem vierten Evangelisten zu.

Johannes ist, wie Paulus, ein sehr selbständiger Denker. Er erzählt nicht nur von Jesus, er philosophiert über ihn. Der Anfang seines Evangeliums, der so genannte Johannes-Prolog, sagt über die Göttlichkeit Jesu das maximal Mögliche aus, treibt die Christologie geradezu einem Grenzwert entgegen: Jesus ist bei Johannes eigentlich nicht „Sohn" Gottes, sondern er ist Gott selbst. „Am Anfang", so beginnt das Johannesevangelium, „war der Logos": Ἐν ἀρχῇ ἦν ὁ λόγος („En archē ēn ho logos').

Der Logos ist mehr als das „Wort", wie die Übersetzungen in der Regel sagen, es ist der Geist, der alles lenkt, der alles gestaltet, der Logos ist das ‚was die Welt im Innersten zusammenhält', der Logos ist der Gottesgeist. Der Logos war existent, bevor die Welt geschaffen wurde, ja die Welt wurde mit seiner Hilfe und aus seiner Kraft heraus geschaffen. Und Jesus ist nichts anderes als der ‚fleischgewordene' präexistente Logos, der Gottesgeist in menschlicher Gestalt. In der Person Jesu nahm dieser Logos fleischliche Gestalt an. „Das Wort ward Fleisch und wohnte unter uns, und wir sahen seine Herrlichkeit" (Joh 1,14). Jesus ist der inkarnierte Logos.

Mehr kann man über Jesus kaum sagen. Die johanneische Christologie erscheint nicht mehr steigerbar. Bei Johannes ist Jesus nicht ab der Auferstehung Sohn Gottes wie bei Paulus, nicht ab einer Berufung in seinem irdischen Leben wie bei Markus, nicht ab Geburt wie bei Lukas und Matthäus, sondern von Erschaffung der Welt an, ja *vor* Erschaffung der Welt, und er ist im Grunde nicht Gottes Sohn, sondern Gott selbst. „Wer mich sieht, sieht den ‚Vater'" (Joh 14,9), „Ich und der ‚Vater' sind eins" (Joh 10,30) – so lässt Johannes seinen Jesus sprechen. Nur der johanneische Jesus kann am Schluss des Evangeliums von Thomas ohne Umschweife als „mein Herr und *mein Gott*" angesprochen werden (Joh 20,28), so wie der johanneische Jesus in der Passionsgeschichte den Eindruck erweckt, nicht wirklich sterben zu können, denn – kann man Gott selbst, den ewigen Gottesgeist, töten? Der johanneische Jesus wird weniger „gekreuzigt" als vielmehr „erhöht" (Joh 3,14 u.ö.) – als ob das Kreuz sein Triumph wäre; der johanneische Jesus stirbt nicht mit einem Schrei des Verlassenseins, sondern mit einer Siegesmeldung: „Es ist vollbracht!" (Joh 19,30).

Johannes überrollt förmlich die älteren Deutungen der Gottessohnschaft Jesu; nur mit der Konzeption des Matthäus und Lukas geht seine Vorstellung in der Folgezeit eine Verbindung ein: die Präexistenz-Vorstellung des Johannes ist nur kompatibel der Jungfrauengeburts-Vorstellung des Matthäus und Lukas. Der ewige Gottesgeist, meint man dann, war es, welcher der Jungfrau Maria zur Schwangerschaft verhalf.

Johannes sagt zwar nicht das Letztere (im Gegenteil, er kann trotz seiner hochgreifenden Konzeption Jesus in 1,45 und 6,42 schlicht als Sohn Josephs bezeichnen lassen) und Matthäus und Lukas führen nicht das Erstere in johanneischen Gedankenbahnen aus, aber in der Entwicklung der christlichen Theologie flossen die beiden letzten Erklärungen der Göttlichkeit Jesu zusammen und verdrängten vereint die älteren Deutungen.

Die älteren Deutungen, die gleichwohl noch in den überlieferten Texten des Neuen Testaments hinreichend klar zu erkennen sind, wieder ins Bewusstsein zu heben, weitet den Geist, macht den Glauben offen für Bekenntnisse, die sich vom eigenen unterscheiden, schützt vor einem einengenden Zugriff des Dogmas und eröffnet nicht zuletzt auch Gesprächsmöglichkeiten mit anderen Religionen. Die Weite des Neuen Testaments ist eine bessere Glaubenshilfe als die Enge der altkirchlichen Lehre.

Alle besprochenen Konzeptionen sind nachträgliche Deutungen für die Besonderheit Jesu. Sie sind allesamt im Rückblick entwickelt. Wie aber wurde Jesus von seinen Zeitgenossen, Jüngern und Freunden gesehen, wie empfanden sie seine Besonderheit, ja „Göttlichkeit"? Dies kann hier zum einen nur angedeutet werden und zum anderen ist dies ist eine Frage, die auch gegenwärtig im Grunde vom ganz persönlichen Bekenntnis her beantwortet werden will: offenbar empfanden Menschen, die Jesus begegneten, dass sie in dieser Jesus-Begegnung eine Gottesbegegnung hatten, und dass sie in dem, was Jesus sagte, und wie er handelte, mehr von Gottes Liebe und Wahrheit verspürten, als wenn sie einem Priester beim Opfern zusahen, einen Rabbi das Gesetz auslegen, einen Schriftgelehrten die Überlieferungen erklären hörten. Jesus hatte die Gabe, den Menschen ‚Göttliches' zu vermitteln. Wer bei ihm diese Erfahrung machte, wusste sich beschenkt. Er fragte sich wohl auch: ‚wer ist dieser?', er benötigte aber nicht ein christologisch-ontologisch klar interpretierendes Konzept, um Jesus anzuhängen oder nachzufolgen.

Geblieben ist uns Heutigen nicht die unmittelbare Erfahrung, das Leben mit dem irdischen Jesus zu teilen, sondern geerbt haben wir einerseits die vielschichtig gewachsenen Berichte von diesem Jesus, die vier Evangelien, und andererseits Deutungsmodelle in ansteigender Ausgestaltung, neutestamentliche Theolgie, kirchliche Lehre, fixierte Bekenntnisse und unveränderliches Dogma. Diese verschiedenen Erbstücke wieder miteinander ins Gespräch zu bringen, ihre gegenseitige Bedingtheit zu erkennen, von den spätesten Modellen zu den früheren sich zurückzutasten, das ist für lebendigen Glauben nicht Anfechtung, sondern Nahrung.

Kurze eigene Aufmerksamkeit verdient noch der Begriff **"eingeboren"**. Das „unicus" des lateinischen Apostolikums bedeutet ‚einzig', ‚einzigartig', das „unigenitus" des Nizänums und das urtextliche griech. μονογενής (‚monogenēs') bezeichnen das ‚einzige Kind', das Einzelkind (deutlich etwa Lk 7,12). Auf Jesus bezogen begegnet der (griechische) Begriff in den Evangelien ausschließlich bei Johannes, dort aber im Rahmen der für Johannes typischen präexistenten Sohn-Gottes-Vorstellung (Joh 1,14.18; 3,16.18; auch 1 Joh 4,9). Dass der Begriff allein von den wenigen Johannesstellen aus einen festen Platz in der Glaubenslehre eroberte, kann nur vordergründig überraschen. Er unterstreicht die Einzigartigkeit des Gottessohnes: einen zweiten wie ihn gibt es nicht. Er ist ein ‚Unikum', ein ‚unicus'. Das mag uns selbstverständlich erscheinen, doch hatte die Urchristenheit ein berechtigtes aktuell begründetes Interesse, sowohl Heiden wie besonders Juden gegenüber die Einzigartigkeit Jesu, seine einzigartige Gleichheit mit Gott, zu betonen. Weder sollte Jesus bei den Heiden als einer von vielen Göttersöhnen und Heroen, die den Götterhimmel bevölkerten, verstanden werden können, noch sollte der jüdische Vorwurf unwidersprochen bleiben, die Christen verstießen gegen das Monotheismusgebot, wenn sie Jesus, einen nachweislichen Menschen, als quasi zweiten Gott verehrten. Diese christlich-jüdische Kontroverse besaß sogar einen heiklen Aspekt für die christlich-heidnische Mission: wenn das Christentum, aus dem streng monotheistischen Judentum hervorgegangen, nun scheinbar eine zweite Gottes-Gestalt in die Verehrung einbezieht, wenn der Monotheismus anscheinend doch wieder einen ‚Göttersohn' produziert, nähert er sich dann wieder dem Polytheismus an? Dem schiebt die Beschreibung Jesu als „eingeborener Sohn" einen Riegel vor: es handelt sich um den (nach Johannes schon immer vorhandenen) einzigen Sohn des einzigen Gottes; das „μονο-" (‚mono-') steht betont voran – und in der Konzentration auf den doppelt „Einen" schwingt sogar eine subtile Qualitätsaussage mit: ‚so viel echten Gott wie hier findet man sonst nirgends ...'. Der eine Gott hat einen Sohn, und damit ist Jesus göttlich, ohne dass der Glaube an den einen Gott aufgegeben wird, so dachten die Christen – auch wenn die Juden dies ganz anders empfinden mussten.

Man versteht auch, wie das Wort „eingeboren" und die johanneische Präexistenz-Vorstellung sich verbinden, ja verschmelzen. Auf die anderen, älteren Sohn-Gottes-Konzepte, wie sie oben besprochen wurden, kann das Prädikat „eingeboren" nicht angewendet werden. Es trat hinzu, als die Gottessohnschaft Jesu allein durch ‚Geburt' das Denken beherrschte, und es half, die älteren Erklärungen der Gottessohnschaft zu verdrängen.

„... unsern Herrn" Diesen einen Sohn Gottes bezeichnen nun die Christen als ihren Herrn. In dem Begriff ‚Herr' bündeln sich mehrere Bedeutungs-Stränge:
Zum einen ist ‚Herr' die griechische Wiedergabe des hebräischen Gottesnamens. Der Gott Israels hatte einen Namen, יהוה (‚Jahwe'), geschrieben (von rechts nach links) mit den vier (Konsonanten-)Buchstaben (von links nach rechts) JHWH, aber bereits seit vorchristlicher Zeit nicht ausgesprochen, denn der Name war heilig. Beim lauten Lesen wurde er live ersetzt durch andere Begriffe, die nicht in der geschriebenen Vorlage standen, die man aber lesend aussprach, zumeist ‚der Name' oder eben ‚der Herr'. Auch die (alte) Luther-Übersetzung gibt den Gottesnamen Jahwe nicht wieder, sondern umschreibt ihn mit ‚Herr' und schafft so die eigenartige Doppelung „der Herr HErr" für „Jahwe der Herr" – wobei das mit zwei Großbuchstaben geschriebene ‚HErr' für יהוה steht. Als übrigens im Laufe der Jahrhunderte das Hebräische als zunehmend weniger lebendig gesprochene Sprache auch viele Juden mit der korrekten Aussprache der reinen Konsonantenschrift zu überfordern begann, setzten die jüdischen Masoreten vom 8. bis zum 10. Jahrhundert der überlieferten Schrift Vokalzeichen zu, jedoch nicht in Gestalt eingefügter Buchstaben – der als heilig angesehene Textbestand wurde nicht verändert –, sondern als kleine Punkte und Striche unter oder über den Konsonantenzeichen. Speziell beim Gottesnamen יהוה vokalisierte man nun verständlicherweise nicht für „Jahwe", sondern für „Adonaj", ‚Herr' – denn dieses Wort sprach man ja an dieser Stelle aus. Die Kombination der Konsonanten von Jahwe mit den Vokalen von Adonaj ergibt den Namen „Jehova", der im Grunde ein Lesefehler-Konstrukt der Christen ist. – Solche Detail-

beobachtungen zeigen, mit welcher Sorgfalt und bewusster Überlegung das Judentum mit dem Gottesnamen umging.

Die griechische Übersetzung des Alten Testamentes, die sog. Septuaginta („Siebzig", abgekürzt ‚LXX'), die der Legende nach auf 70 bzw. 72 Übersetzer zurückgeht und real vom 3. bis zum 2. vorchristlichen Jahrhundert für die zahlreichen griechischsprechenden Juden außerhalb Palästinas geschaffen wurde, setzt für den hebr. Gottesnamen יהוה nun durchweg das griech. Κύριος (‚Kyrios', ‚Herr') ein – wobei die LXX, anders als Luther, eine etwaige Doppelung des ‚Herrn' durch Umschreibung vermeidet. Selbstverständlich begegnet im griechischen Alten Testament das Wort ‚Herr' auch im normalen, trivialen Sinne. Aber auf Gott bezogen, ist jedem Leser deutlich: Κύριος ist יהוה. ‚Herr' war im hellenistischen Judentum, als das Christentum entstand, bereits verbreitete Gottesprädikation im speziellen Sinne des unnennbaren Namens des Einen.

Bereits die Christen der ersten Generation nennen nun Jesus Κύριος, ‚Herr'. Die Rede von Jesus, dem Herrn, wird ein Stück weit ununterscheidbar von der Rede von Gott, dem Herrn. Auch Gott wird im Neuen Testament, wie schon in der Septuaginta, Herr genannt, in den zahlreichen Zitaten des Alten Testaments im Neuen, aber auch dort, wo alttestamentliche Sprache nachempfunden wird, wie im Lobpreis der Maria Lk 1,46: „Meine Seele erhebt den Herrn …". Der oben bereits zitierte vorpaulinische Philipperhymnus drückt deutlich aus, dass Jesus, der Auferstandene, nun von Gott dadurch über alle Maßen erhöht wird, dass er ihm seinen Namen, den Gottesnamen Κύριος, beilegt. Wenn man das auf dem Hintergrund des alttestamentlichen יהוה-Namens versteht, bedeutet es eben nicht nur, dass Jesus jetzt ‚Herr' heißt, sondern dass er jetzt ‚Gott' heißt *und ist*. Gemessen an der alttestamentlichen Scheu, neben Gott als den Einen keinen zweiten treten zu lassen, ist es geradezu tollkühn, wenn die Urchristenheit sagt: den Namen יהוה/Κύριος führt jetzt Jesus. Phil 2,9–11 überträgt Aussagen, wie sie nach Jes 45,23 nur Gott zustehen, auf den auferstandenen Jesus. Jes 45,18.22–24: „Denn so spricht der HErr, der den Himmel geschaffen hat – er ist Gott; der die Erde bereitet und gemacht hat – er hat sie gegründet … »Wendet euch zu mir, so werdet ihr gerettet, aller Welt Enden; denn ich bin Gott, und sonst keiner mehr … Mir sollen sich alle Knie beugen und alle Zungen schwören und sagen: Im HErrn habe ich Gerechtigkeit und Stärke.«" – Phil 2,9–11: „Darum hat ihn auch Gott erhöht und hat ihm den Namen gegeben, der über alle Namen ist, dass in dem Namen Jesu sich beugen sollen aller derer Knie, die im Himmel und auf Erden und unter der Erde sind, und alle Zungen bekennen sollen, dass Jesus Christus der HERR sei, zur Ehre Gottes, des Vaters." Die Christen leben „im Herrn", ἐν κυρίῳ (‚en kyriō'), wie der Ausdruck lautet, sie bekennen ihn als Herrn und werden infolgedessen „gerettet/selig" (Röm 10,9), sie beten nun zu Jesus als dem Herrn, und wenn Paulus etwa 1 Kor 4,19 schreibt „… ich werde aber gar bald zu euch kommen, so der Herr will", dann mag man kaum noch unterscheiden, ob hier Gott oder Jesus gemeint ist; beide verschmelzen.

Zum anderen ist das griechische Wort Κύριος, ‚Herr', aber auch für die Heiden religiös aussagekräftig gewesen. Die Kultgottheiten an der Spitze speziell der zeitgenössischen Mysterienkulte werden nicht selten jeweils als Κύριος, ‚Herr', bezeichnet, aus einheimisch-lokalen Sprachen so ins Griechische übertragen. Auch im Herrscherkult, besonders seit Nero, findet der Κύριος-Titel Verwendung. Solchen Sprachgebrauch muss ein Christ des ausgehenden 1. Jahrhunderts mitgehört haben; und wenn er Jesus als „Herrn" bekannte, war darin eine Absage an diese anderen „Herren" inbegriffen. Es dürfte in der jungen Christenheit in dieser Frage jene Übereinstimmung bestanden haben, die Paulus in 1 Kor 8,5f ausdrückt: „Und wiewohl … es viele Götter und viele Herren gibt, so haben wir doch nur einen Gott … und einen Herrn, Jesus Christus."

Auch die eschatologische Erwartung der Urchristenheit drückt sich in dem Namen „Herr" aus. Auf ein baldiges Weltende zu hoffen und den kommenden Weltenrichter zu erwarten, war keine Anschauung des römisch-hellenistischen Kulturkreises, sondern eine sehr spezielle Hoffnung des Judentums nicht vor dem 2. vorchristlichen Jahrhundert (davon wird unten bei den Worten des Glaubensbekenntnisses ‚von dort wird er kommen, zu richten …' ausführlicher zu reden sein). Entsprechend findet sich am Ende des 1. Korintherbriefes in aramäischer Sprache, d.h. als überlieferte und in den griechischen Text als Zitat eingeschlossene alte Formel der Urgemeinde, der Ruf „Maranatha", je nach Worttrennung „Unser Herr kommt" oder „Komm, Herr", 1 Kor 16,22. Diese Erwartung, ja dieser offenbar liturgische Ruf begegnet, auf Griechisch, auch am Ende der Offenbarung des Johannes, Apk 22,20: „Es spricht, der solches bezeugt: »Ja, ich komme bald.« »Amen, ja komm, Herr Jesus!«" Auch das aramäische, apokaplyptische Vorstel-

lungen einschließende מרא (‚mara', ‚Herr') schwingt im griech. Κύριος, ‚Herr', noch mit.
Vor allem aber muss an dieser Stelle wiederum mitbedacht werden, was es für das Selbstverständnis und das Lebensgefühl eines Christen des 1. Jahrhunderts bedeutet, wenn er Jesus als „Herrn" anruft. Die Christologie hat eine Entsprechung im Existenzverständnis. Wenn Jesus ‚mein Herr' ist, bin ich ihm verpflichtet, diene ich ihm und nicht anderen Herren. Jesus als ‚Herrn' zu bekennen und anzurufen, impliziert Exklusivität; nicht nur als Absage an andere Götter. Tendenziell ist auch die Verweigerung gegenüber einem zunehmend um sich greifenden Kaiserkult inbegriffen. Auch eine Befreiung von altem Religionsgesetz und religiös-gesellschaftlicher Konvention ist in der Beziehung zum neuen ‚Herrn', der diese Pflichten nicht auferlegt, inbegriffen. Paulus drückt das in 1 Kor 9,1 so aus: „Bin ich nicht frei? Bin ich nicht Apostel? Habe ich nicht Jesus, unseren Herrn, gesehen?" Aus dem ‚Sehen' des ‚Herrn', jener visionären Begegnung, die wir in der Regel als „Bekehrung" des Paulus bezeichnen, die jedoch zugleich auch eine Berufung und Sendung war, folgt stimmig, dass er „Apostel", ἀπόστολος (‚apostolos'), „Abgesandter" ist, aber eben auch, dass er „frei" ist, ἐλεύθερος (‚eleutheros'): Jesus als ‚Herr' macht frei von aller anderen Herrschaft.
Dass schließlich in einer Zeit, in der die Sklaverei eine tragende Säule der Gesellschaft war, ein Sklave Jesus als seinem ‚Herrn' nicht nur ergeben dient, sondern in diesem geistig-religiösen Dienst auch ein Stück Entpflichtung und inneren Freiraum von dem Sklavendienst für den realen Herrn mitempfindet, können wir Heutigen vielleicht nicht mehr in ganzer Tiefe nachvollziehen. Der Philemonbrief des Paulus führt dies aus: der Sklave, der Christ geworden ist, darf von seinem Herrn, wenn dieser auch Christ ist, nun nicht mehr als Sklave gesehen und behandelt werden, sondern als „Bruder" (Phlm 16). Die gemeinsame Anrufung Jesu als des ‚Herrn' verändert auch die irdischen Herrschaftsverhältnisse unter den Christen, die Herrschaftsansprüche einerseits wie die Abhängigkeits- und Loyalitätsgefühle andererseits.
Gesellschaftsverändernde Kraft kommt dem Bekenntnis zu Jesus als dem Herrn aber nicht nur in der Antike zu: Auch gegenwärtig wartet es darauf, dieses Potential zu entfalten. Wenn Jesus ‚Herr' über allen anderen Herren ist, wenn es ihm mehr zu gehorchen gilt als den Weisungen anderer, dann hat – wegen der Identität des auferstanden-erhöhten Herren mit dem irdischen Jesus – auch das, was der Irdische programm-

matisch sagte, nun verpflichtende Kraft. Die neuzeitlich europäisch-westliche Christenheit hat diese Konsequenz keineswegs immer im Blick gehabt, die lutherische Kirche gar deutlich weniger als die reformierte. Wenn Jesus Gott gleich geworden ist, von Gott zu seinem ‚Sohn' erhoben und zu unserem ‚Herrn', dann sind auch seine Worte von der Nächstenliebe, von der Feindesliebe, von der Gotteskindschaft der Friedfertigen – und was er sonst alles sagte – nicht mehr nur Reden eines weisen Menschen, sondern Programmatik Gottes. Wenn Jesus nicht mehr zu unterscheiden ist von Gott dem Vater, dem Schöpfer und Allmächtigen, dann will und kann und soll auch die Welt nicht mehr anders gelenkt werden und dann haben sich die Menschen nicht mehr anders zu verhalten als so, wie er es beschrieben hat. Gerade hier allerdings mangelt es häufig an der Einsicht der Frommen; über die Jahrhunderte hinweg schien es oft wichtiger, die richtigen Titel und Ausdrücke, noch dazu oberflächlich wörtlich verstanden, herzusagen, als den Worten Jesu, sie innerlich verstehend, nachzuleben. Hier ist auch die Abwehr derer am stärksten, welche die Konsequenzen der Nachfolge Jesu innerhalb des Glaubens an ihn als ‚Herrn' scheuen. Unvergessen sind die Worte deutscher Spitzenpolitiker in schwierigen Entscheidungsprozessen des ausgehenden 20. Jahrhunderts, man könne mit der Bergpredigt nicht die Welt regieren. Dem ist zu entgegnen, dass sehr wohl der Bergpredigt bei der Formulierung politischer Vorhaben und bei der Auswahl der zielführender Methoden für Christen, die Jesus als ‚Herrn' sehen, innerste Richtlinienkompetenz zukommt – gewiss nicht zum Schaden derer, die ihr folgen.

**„empfangen durch den Heiligen Geist,
geboren von der Jungfrau Maria"** Zu diesen Zeilen ist oben beim Stichwort „Sohn Gottes" Grundlegendes ausgeführt. Beide Gedanken, die Empfängnis Jesu durch den Heiligen Geist wie seine Geburt aus der Jungfrau sind sozusagen nicht primäre, sondern sekundäre Glaubensaussagen: sie erläutern den Titel „Sohn Gottes" und konkretisieren sein Verständnis; sie engen diesen ursprünglich vielgestaltig-breiten Hoheitstitel aber gleichzeitig ein und definieren nun seinen Sinn auf eine Weise, welche andere Deutungen und Herleitungen ausschließt. Sie sind entstehungsgeschichtlich dem Sohn-Gottes-Bekenntnis nachrangig.

Die vom Geist gewirkte Schwangerschaft Marias ist Mt 1,18 und 20 ausgesagt wie Lk 1,31 und 34–35, die Geburt Jesu aus der Jungfrau in Mt 1,25 und, nur auf dem Hintergrund von Lk 1,31 und 34–35 gleich deutlich, in Lk 2,5–7. Das Verständnis der Besonderheit Jesu aufgrund einer ‚direkten Abstammung' von Gott ist aber von der frühen Christologie* nicht aus diesen Bibelstellen heraus entwickelt, sondern diese sind eher umgekehrt auf die schon zuvor in der Urchristenheit erwachsene Glaubensdeutung hin erzählend gestaltet worden. Die Vorgeschichten des Matthäus und Lukas sind narrative Theologie. Sie erzählen, was Glaubensstand war oder werden sollte. Sie verbreiten und reproduzieren – bis heute – eine fortentwickelte Christologie, die keineswegs die ursprünglichste, älteste ist, und sie tun dies nicht abstraktkonzeptionell, sondern, besonders bei Lukas, lyrisch-poetisch. Es gibt in der Weltliteratur kaum ein poetisches Werk von der Länge nur eines oder zweier Kapitel, das derart wie die Weihnachtsgeschichte des Lukas Frömmigkeit und Jesusbild, Dogma und Lehre, Kunst und Kultur, Brauchtum und Festkalender, Malerei und Musik, Kitsch und Kommerz jahrhundertelang über Zeit- und Kulturgrenzen hinweg beeinflusst und geprägt hat. Man darf vor der schriftstellerischen Leistung des Lukas und der Wirkung der Vorgeschichte seines Evangeliums respektvoll staunen.

Die Vorgeschichten der Evangelien entsprechen ein Stück weit dem, was bei der Oper die Ouvertüre ist. Eine Ouvertüre eröffnet das Werk. Sie kann aber nicht vor der Konzeption des Werkes und der Kenntnis seiner musikalischen Inhalte komponiert werden. Sie führt ein, sie lässt die Melodien und Motive der Oper im voraus anklingen und aufleuchten. Sie zeigt, was zu erwarten steht. So führen die Vorgeschichten der Evangelien Jesus ein, noch bevor dieser spricht und handelt, und sie nehmen dem Leser einen großen Teil der Frage ab, wer dieser Jesus sei, indem sie das Ergebnis von vier bis fünf Jahrzehnten Entwicklung der Christologie nicht abstrakt, sondern in Erzählung gekleidet, dem Leser als Vorgabe unterbreiten.

In der Vorgeschichte seines Evangeliums ist Lukas nicht Historiker, sondern Poet. Meisterhaft dichtet er drei dem Alten Testament nachempfundene eigene Psalmen von höchster Sprachkraft und Aussageintensität, das ‚Magnificat' der Maria (1,46ff), das ‚Benedictus' des Zacharias (1,68ff) und das ‚Nunc dimittis' des Simeon (2,29ff). Lukas baut von der Ankündigung der Geburt des Johannes bis zur Geburt

Jesu einen Bogen der Erzählkunst auf, der in seiner Spannweite über alles hinausgeht, was im kleingliedrigen Synoptiker*-Stoff sonst an unmittelbarer Komposition begegnet und an welchen allenfalls die (ebenso redaktionelle*, d.h. von Lukas gestaltete) Emmausgeschichte am Schluss des Evangeliums (24,13ff) heranreicht. Lukas mischt in seinen Vorgeschichten äußerst geschickt Motive und Gattungen für alttestamentlich wie für römisch-griechisch geprägten Geschmack: Psalmen, Tempeloffenbarung (1,11ff), Tempelbesuche (2,27; 2,41), Engelserscheinungen (1,11; 1,26; 2,9.10) ebenso wie Hirtenromantik (2,8) und Anklänge an Vergils 4. Ekloge, die einen göttlich-menschlichen Knaben als Friedensbringer im Goldenen Zeitalter besingt. Die Vorgeschichten, die Geburtsgeschichten, sind poetische und theologische Literatur, keine Geschichtsüberlieferung.

Auch der bei Matthäus (1,23) direkt angesprochene und bei Lukas von der Erzählung ausgeführte Gedanke aus Jes 7,14 von der jungen Frau, die den ‚Immanuel', den „Gott-mit-uns", gebären werde, ist im christologischen* Rückblick aus dem Alten Testament ins Neue gehoben worden, wobei aus der „jungen Frau" des Jesaja eine „Jungfrau" wurde (siehe oben zu ‚Sohn Gottes'). Die später ins Immense wachsenden mariologischen* Interessen der katholischen Kirche liegen dem Glaubensbekenntnis noch fern. Die Mariologie ist im Urchristentum und noch in diesen Sätzen des Apostolikums ein reines Folgeprodukt der Christologie. Erst auf dem turbulenten Konzil von Ephesus 431 setzte sich die Bezeichnung Marias als „Gottesgebärerin" (θεοτόκος, ‚theotokos') durch – nicht zufällig vielleicht in einer Stadt, die seit Jahrhunderten an die Verehrung einer weiblichen Gottheit gewohnt war.

Beide Aussagen des Glaubensbekenntnisses von der Empfängnis Jesu durch den Geist und seiner Geburt aus der Jungfrau wollen nichts anderes als seine Einmaligkeit und besondere ‚Göttlichkeit' im Unterschied zu allen anderen Menschen aussagen. Ähnliches wollten allerdings auch die oben (zu „Sohn Gottes") beschriebenen älteren christologischen Entwürfe. Diese älteren Konzepte sind eigenartigerweise uns Heutigen weithin verständlicher, naheliegender. Bedenken muss man freilich, dass Zeugung und Geburt in der Alten Welt in höherem Maße ein Mysterium war, als sich dies eine moderne Welt der Genanalysen vorstellen mag. Der krass absurde Gedanke, aus einer Genprobe Jesu das Genom Gottes, des Vaters, gewinnen zu können, zeigt, wie bildhaft-vorsichtig, metaphorisch-übertragen und geistig-theologisch und keinesfalls wörtlich, materiell, biologisch diese Aussagen verstanden werden müssen.

„gelitten unter Pontius Pilatus" Verwunderlich ist, dass beim Sprechen des Glaubensbekenntnisses die meisten Menschen über die enorme Lücke hinweggehen, die hier im Text enthalten und kaum verborgen ist – ohne sie zu bemerken: auf Empfängnis und Geburt Jesu folgen sogleich Leiden, Kreuz und Tod. Das ganze Leben Jesu wird übersprungen. Mit keinem Wort findet Erwähnung, was ihm wichtig war, wofür er eintrat, was er lehrte und wirkte. Nirgends ist das Glaubensbekenntnis so defizitär wie an dieser Stelle. Die programmatischen Inhalte von Jesu Verkündigen und Handeln werden ausgeblendet. Dass er die Gottesherrschaft ankündigte, dass er sie beschrieb in immer neuen Bildern und Vergleichen, dass er zur Umkehr aufrief, dass er von Gottes- und von Nächstenliebe wie von der Doppel-Quelle unseres Lebens und als der Doppel-Lösung unserer Probleme sprach, dass er die Demütigen, Barmherzigen und Friedfertigen, die ihre Trauer Annehmenden, die nach Gerechtigkeit Hungernden und Sanftmütigen selig pries, dass er für Kranke, Ausgestoßene und Geächtete helfend eintrat, dass er in Gleichnissen und Bildworten voller Zuversicht Gottes immer wieder neu lebendige Schöpfung und durchtragende Vatergüte vor Augen malte und besang – nichts davon findet sich im Glaubensbekenntnis.

Dies rührt offensichtlich zum einen daher, dass zur Entstehungszeit des Glaubensbekenntnisses bereits als eigentlicher Lebenszweck Jesu sein Tod galt. Aber auch das wird nicht ausgeführt; es finden sich im Glaubensbekenntnis keine soteriologischen* Sätze etwa über die Sühnopferwirkung des Sterbens Jesu oder seine Stellvertretung, wie sie aus dem Neuen Testament durchaus zu übernehmen gewesen wären. So wird zum anderen vermutlich mit der Abfolge von ‚empfangen – geboren – gelitten – gekreuzigt – gestorben – begraben – hinabgestiegen – auferstanden' ein telegrammstilhafter metaphysischer Lebenslauf skizziert, der für die christologisch zerstrittenen Theologen der Alten Kirche ein fraglos konsensfähiger gemeinsamer Nenner gewesen sein dürfte.

Hält man aber vergleichsweise dagegen, dass die eben zuvor erwähnte Geburt Jesu im Glaubensbekenntnis keineswegs nur konstatiert, sondern unter Zuhilfenahme nicht eben grundlegend simpler, sondern jahrzehntelang entwickelter Konzeptionen wie der Geistzeugung und der Jungfrauengeburt gedeutet wird, dann enttäuscht das völlige Überspringen des realen irdischen Lebens und Wirkens Jesu umso mehr. Ein Konsens zumindest darin, dass er Gott und seine Herrschaft neu und aktuell ansagte, zur Umkehr rief, für Notleidende eintrat und die Nächstenliebe über alles setzte, hätte möglich sein sollen. Dass solche Aussagen weder hier noch in anderen Bekenntnis-Formulierungen jener Zeit gesucht und versucht wurden, zeigt, wie sehr die Lehre *über* Jesus bereits die Lehre *des* Jesus überdeckt und wie sehr die metaphysische Spekulation die Überlieferung in den Hintergrund gedrängt hatte.

In dieser Verschiebung liegt, psychologisch betrachtet, ein enormes Ausweichen vor dem realen Anspruch Jesu. Man kann sich nun um die rechten und die Rechtgläubigkeit fixierenden Formeln aggressiv streiten, anstatt Jesus ‚nachzufolgen'. Man kann „über" Jesus diskutieren, anstatt „unter" ihm zu dienen. Man kann ‚ortho'-dox sein, ohne ‚richtig' zu leben.

Was sich hier am Glaubensbekenntnis zeigt, was schon im Neuen Testament begann und in der Alten Kirche überhand nahm, dass nämlich die Figur Jesu in ihrer realen geschichtlichen irdischen und gleichwohl tief spirituellen Wirklichkeit zurücktritt hinter die seine Person interpretierenden dogmatischen Hauptaussagen, wirkt fort bis in die Neuzeit: erstmals im 18. Jahrhundert wurde offen die Frage gestellt, ob uns nicht das Neue Testament einen anderen Jesus zeige als ihn die christliche Dogmatik lehrt. Die methodisch konsequent wissenschaftliche Forschung gar nach dem ‚Historischen Jesus' hinter allen Übermalungen und Verfremdungen der überlieferten Glaubenslehre aus zwei Jahrtausenden ist erst seit dem 19. Jahrhundert zu einem breiten Arbeitsfeld der neutestamentlichen Exegese geworden, von dem allerdings gerade treue Kirchenchristen in aller Regel wenig wissen und auf dessen Resultate sie nicht selten mit dem unangemessenen diffusen Gefühl von Glaubensverunsicherung reagieren.

Wenden wir uns nach dieser Zwischenbesinnung wieder dem Text des Glaubensbekenntnisses zu:

Nochmals: **„gelitten unter Pontius Pilatus"**. Gelitten hat Jesus bis an die Grenze dessen, was einem Menschen angetan werden kann. Bis heute wird Jesus in der abendländischen Kirche vor allem als Gekreuzigter dargestellt und erinnert. Doch im Neuen Testament ist mit dem Begriff ‚Leiden' nicht nur das große und spezielle Leiden der Passion angesprochen, nicht nur das äußerlich Jesus Zugefügte, sondern auch ein innerer Sachverhalt. Die sogenannten Leidensankündigungen, jene auf die Passionsgeschichte hinführenden Mittelsätze der Kapitel 8, 9 und 10 des Markusevangeliums (jeweils die Verse 31 bzw. 32), die den Leser auf das Leiden Jesu vorbereiten, das ab Kapitel 14 geschildert, aber hier bereits in ein deutendes Vorverständnis eingebettet wird, betonen, wie es 8,31 formuliert: „Der Menschensohn *muss viel leiden* (δεῖ πολλὰ παθεῖν, *‚dei polla pathein')*". Gewiss sind diese Leidensankündigungen Jesu bei Markus zum einen im Rückblick formuliert, von der Gemeinde, vom Evangelisten, es sind – speziell die zunehmend detaillierter werdenden Aussagen in Kap. 9 und 10 – klassische vaticinia ex eventu, Voraussagen aus dem Nachhinein, als man wusste, wie Jesu Weg geendet hatte; aber richtig und echt, stimmig und historisch an ihnen ist zum anderen, dass Jesus sich sein Leben lang für einen Weg des Dienens und nicht des Herrschens, der Liebe und nicht der Macht, der Gemeinschaft mit den Niedrigen und nicht der Zugehörigkeit zu den Hochgestellten entschieden hat. Und diese Entscheidung schließt die Bereitschaft zum Leiden ein. Verstehen wir recht: das ist etwas anderes, als was das spätere Dogma sagt. Das Dogma sagt, Gott wollte und Jesus wollte, gehorchend zustimmend, dass er leidet, um Entsühnung der Menschen zu erwirken. Das ist Theologie. Das ist Deutung im Rückblick. Realität im vorwärtsgerichteten und hinsichtlich des Ausgangs noch offenen Erleben war, dass Jesus, so wie es seinen Überzeugungen entsprach, darauf verzichtete, sich vor den Unbilden und den Leiden des Lebens zu sichern durch die Methoden, die wir Menschen dafür gemeinhin anzuwenden pflegen und – das ist wichtig – die keineswegs immer erfolgreich sind. Nicht leiden zu wollen, ist zwar in manchen Lebensabschnitten der bewusste oder unbewusste und auch nicht unberechtigte Wunsch nahezu eines jeden Menschen, aber er bedeutet zumeist auch, die Lasten des Lebens entweder auf andere abzuwälzen oder die lebendige risikobereite Solidarität mit den Beladenen zu scheuen oder auch die eigene innere seelische Lebendigkeit, Gefühlstiefe und ‚Mitleids'-Fähigkeit einzuengen. Wer nicht leiden will, kann nicht tief und solidarisch, emotional offen und spontan leben. Wer das Leiden um jeden Preis vermeiden will, kann nicht lieben. – Der Psychoanalytiker Horst-Eberhard Richter sagt, er könne eine Menge seiner eigenen analytischen Erfahrung in dem Satz zusammenfassen: „Wer nicht leiden will, muss hassen". Der Mensch, der nicht leiden will, wird nämlich das Negative und Schwere nicht tragen wollen, sondern abwehren, weitergeben, projizieren und am Projektionsträger bekämpfen. Wer das Negative, das im Leben niemandem erspart bleibt, nicht annimmt, wird es anderen Menschen zufügen. Jesus war bereit zu leiden. So konnte er positiv bleiben. Millionen der leidenden ‚kleinen Leute' in verschiedenen Völkern, Kulturen und Epochen bis heute haben deswegen in Jesus ihren solidarischen und vertrauenswürdigen Bruder sehen können.

Diese leidensbereit-angstfreie Offenheit Jesu, diese tragfähige Zuwendung hat sich im Rückblick seiner Anhänger nahtlos mit seiner Passion verbunden; sie hätte aber nicht notwendigerweise zu seiner Kreuzigung im vierten Lebensjahrzehnt führen müssen. Jesus war bereit zu leiden, er wich dem Leiden nicht aus, er verriet seine Ziele und Grundsätze nicht, um leidensfrei zu bleiben, aber er suchte das Leiden nicht. Die spätere Soteriologie* sagt, er musste und wollte leiden, d.h. schrecklich leidend sterben, um ‚Gottes Zorn' auf sich zu nehmen und stellvertretend die Sündenstrafen der von ihm auf diese Weise erlösten Menschen abzutragen. Doch solche Deutungen zahlen einen überproportional hohen Preis für den kleinen Erklärungsgewinn in der Frage, warum Jesus sterben musste: das Gottesbild wird ins unverzeihend Grausame verzerrt, die speziell für Jesus charakteristische neue Gottessicht als liebender Vater (wie oben zum Wort ‚Vater' im ersten Artikel ausgeführt) wird konterkariert. Ein Gott, der Blut sehen will, um vergeben zu können, ist kein ‚Vater'.

Jeder Seelsorger macht die Erfahrung, wie in der Erinnerung und den Erzählungen von Trauernden, die jüngst einen geliebten Menschen verloren haben, die letzten Tage und Stunden des Sterbenden einen überproportional breiten Raum einnehmen, wie ihre ausführliche und wiederholte erzählende Rekapitulation geradezu die – wollte man quantifizieren – doch wohl größere Menge positiver und dankbarer Erinnerungen überlagert. Einen entsprechenden Effekt beobachten wir auch in der Jesus-Überlieferung. Die Passionsgeschichte bereits im ältesten Evangelium, bei Markus, ist überproportional umfangreich. Matthäus und Lukas, die den Markus abschreiben, übernehmen zwangsläufig diese Vorgabe; nur die von beiden in den Markus-Stoff eingearbeitete Spruchquelle (Logienquelle*) und beider jeweiliges umfangreiches Sondergut mildern die Disproportionalität von Lebensüberlieferung und Todesbericht Jesu ein wenig. Bei Markus umfasst die Passionsgeschichte, lässt man das kurze Oster-Kapitel 16,1–8 außer Betracht, 2 von 15 Kapiteln, und diese beiden Passionskapitel sind lang: etwa 17,5 % des Markus-Berichts von Jesu Erdenleben handeln von seinem Leiden und Sterben. Zählt man die Vorverweise und Vorankündigungen hinzu, kommt man auf runde 20 %. Die unter dem frischen Eindruck von Jesu ungerechter Kreuzigung stehenden Christen der ersten Generation sehen Jesus vornehmlich als den Leidenden an. Dass er angetreten war, um zu einem befreiten, befriedigenden, fröhlichen, echten tiefen vertrauensvollen Leben aufzurufen und anzuleiten, wird – bis heute – hiervon nicht unbeträchtlich überlagert. Es wäre hilfreich, etwas mehr echte Jesusüberlieferung zu besitzen bzw. die vorhandene stärker und positiver zu gewichten.

Die paulinische Kreuzestheologie ist kein Gegenargument gegen die Feststellung dieses Mangels. Wenn Paulus in 1 Kor 1,23 und 2,2 sagt, er wolle Jesus speziell als den Gekreuzigten gepredigt und verstanden sehen, dann zielt diese Gewichtung auf die Lieblosigkeit und ‚Aufgeblasenheit' (8,1b; 13,4; 4,18f) in der Gemeinde, die der Lebenseinstellung Jesu zuwiderläuft und damit der Haltung des Jüngers nicht entspricht; sie hebt nicht auf eine soteriologische* Deutung des Kreuzes ab, auf eine Sühnopfertod-Erlösung, besonders wirksam durch besonders grausames Leiden. Die Kreuzestheologie reflektiert, was oben zu der leidensbereit-liebevollen mitmenschlich offenen Grundeinstellung des vorösterlichen Jesus gesagt war, nun in nachösterlicher Zeit für das urchristliche Selbstverständnis – bereichert um den ungeheuren Impuls der österlichen Erfahrung, die das, worauf Jesu Haltung sich vertrauend gründete, nun zur anerkannten Basis des neuen Glaubens erhob: dass Leidens- und Hingabebereitschaft, dass durchgehaltene Offenheit und Verletzbarkeit im Dienste der Liebe und des Verzichts auf Vergeltung letztlich nicht zum Tode, sondern zum Leben führen.

Das Glaubensbekenntnis greift mit seinem „gelitten unter Pontius Pilatus" freilich kürzer als das Neue Testament in der Erfassung des Phänomens des Leidens. Es denkt, wie aus der Verknüpfung mit ‚Pontius Pilatus' hervorgeht, bei „gelitten" offenbar nur oder ganz überwiegend an die Kreuzigung Jesu.

Der römische Prokurator Pontius Pilatus ist zur seltsamen und zweischneidigen Ehre der Verewigung seines Namens im Glaubensbekenntnis gelangt. Er war es, der die Kreuzigung Jesu befahl. Freilich gingen dem Verhör und der Verurteilung Jesu durch den römischen Statthalter ein Verhör und eine Verurteilung durch das jüdische Synhedrium, den ‚Hohen Rat', voraus. Doch vollstreckt wurde das Todesurteil von den Römern. Die Kreuzigung war die speziell römische Todesstrafe, so wie die jüdische die Steinigung gewesen wäre. Dass das erste Todesurteil, das des ersten Prozesses (Mk 14,64 parr), nicht zu einer innerjüdischen Vollstreckung führte, dürfte mehr als nur einen Grund gehabt haben: es wird in Joh 18,31 auf die – von manchen Historikern allerdings bezweifelte – Bestimmung verwiesen, dass die Besatzungsmacht sich die Blutgerichtsbarkeit vorbehalten hatte; es kann eine Scheu der jüdischen Autoritäten vor den zum Wallfahrtsfest zu Tausenden nach Jerusalem geströmten Menschenmassen, die gewiss auch Jesus hören und sehen wollten, und vor ihrer möglichen Parteinahme für Jesus im Spiel gewesen sein; nicht unwahrscheinlich ist auch das intrigante Motiv, den Feind der Priesterschaft vom gemeinsamen römischen Feind umbringen zu lassen. Ein zu wenig beachteter Angelpunkt des Übergangs vom ersten zum zweiten Prozess Jesu ist der zumeist fehlübersetzte erste Satz in Markus 15. Bei Luther heißt es: „Und alsbald in der Frühe hielten die Hohenpriester einen Rat mit den Ältesten und Schriftgelehrten, dazu der ganze Hohe Rat, und banden Jesus und führten ihn hinweg und überantworteten ihn dem Pilatus." Dass nach einem langen nächtlichen Prozess, der mit einem Todesurteil endete, in der Frühe ein weiterer ‚Rat' gehalten werden muss, erscheint seltsam, es kann nur mit der Überstellung Jesu an Pilatus zusammenhängen. Im Urtext heißt es aber: συμβούλιον ἑτοιμήσαντες (‚symbūlion hetoimēsantes'), und das heißt nicht ‚sie hielten einen Rat' oder gar ‚sie beriefen eine (neuerliche) Ratsversammlung ein', sondern wahrscheinlich „sie fertigten einen Ratsbeschluss aus", d.h. sie erarbeiteten und schrieben in der Frühe gemeinsam das Dokument, mit dem Jesus dem Pilatus überstellt wurde und in dem, so darf man annehmen, er als römergefährlich dargestellt wurde. Nicht eine weitere Versammlung begann am Morgen (dieser irrigen Spur einer Gerichtsversammlung nicht in der Nacht, sondern erst am Morgen folgt schon Lukas in 22,66ff), sondern die listige Überstellung Jesu an die Römer mit einem speziell erarbeiteten Text erfolgte am Morgen. So wurde Jesu Geschick dem Pontius Pilatus in die Hände gespielt und gelegt.

Schier unüberschaubar viel ist zu der Frage geschrieben worden, ob die

Darstellungen der Evangelien nicht gänzlich unhistorisch seien insofern, als in Wirklichkeit Jesus allein von den Römern zu Tode gebracht worden sei als vermeintlicher oder teilweise einen solchen Verdacht wirklich erweckender politischer Aufrührer. Indizien für diese These lassen sich einige finden: je früher ein Evangelium verfasst ist, desto schwerer werden die Römer mit der Schuld an Jesu Tod belastet, je später, desto mehr werden sie entlastet. Lukas lässt die Szene der grausamen Verspottung Jesu durch die römischen Soldaten von Markus 15,16–20a (parallel Matthäus 27,27–31a, der die Stelle aus Markus übernommen hat) zwischen Lk 23,25 und 26 einfach wegfallen; und Johannes lässt Pilatus in 18,38 ausdrücklich sagen „Ich finde keine Schuld an ihm." Im Umkehrschluss, so die These nicht weniger Exegeten, habe am Anfang die alleinige Schuld der Römer gestanden. Auch der überlieferte Titulus über dem Kreuz, der Namen und Grund der Verurteilung benennt, „Jesus von Nazareth, König der Juden" (lateinisch ‚Iesus Nazarenus Rex Iudaeorum', bis heute abgekürzt als ‚INRI') bezeuge, dass Pilatus Jesus hinrichten ließ, weil dieser nach der politischen Herrschaft strebte. Doch die römerfreundliche Entwicklung in der Schilderung der Evangelien lässt sich in einer Zeit der heraufziehenden Feindschaft zwischen dem römischen Staat und den Christen gegen Ende des 1. Jahrhunderts viel plausibler mit dem wachsenden Bedürfnis erklären, dieser Feindschaft keine neue Nahrung zu geben und statt dessen die (in der Tat gegenwehrlosen, weil seit der Zerstörung Jerusalems im Jahre 70 nicht mehr existenten) jüdischen Autoritäten exklusiv zu belasten; und der Titulus dürfte abschreckend-einschüchternd-sarkastische Replik des in der Tat benutzten Pilatus gewesen sein: ‚Seht, so springen wir mit euren Hoffnungsträgern um'. Die Demütigung, die in der öffentlichen Kreuzigung Jesu unter diesem Titel gegenüber dem jüdischen Volk lag, ermisst man, wenn man bedenkt, dass Jesus (nach synoptischer Datierung) am ersten Tag des großen Passah-Wallfahrtsfestes vor den Augen aller ‚Fest'-Pilger am Kreuz hing und starb. Jesus hatte, wohin man im überlieferten Evangelien-Stoff auch schaut, seine primären Konflikte mit den Repräsentanten der eigenen Religion, nicht mit der römischen Besatzungsmacht.

Pontius Pilatus hätte sich – doch dies ist natürlich spekulativ – in der Tat auch gegen eine Verurteilung Jesu entscheiden können, ja nach exakt angewendetem römischen Recht streng genommen entscheiden müssen. Dies aber hätte vermutlich den Sturz derer zur Folge gehabt, die ihm Jesus überstellt hatten. Pilatus entschied sich also gewissermaßen für die Beibehaltung der zwar bekannt feindseligen, aber kalkulierbaren Zusammenarbeit mit der bisherigen jüdischen Führung, zumal er sich diese mit dem Todesurteil über Jesus zu verpflichten glaubte. Ein freigelassener Jesus wäre für ihn das ungleich schwerer zu kalkulierende Risiko gewesen.

Das ist, wie gesagt, Spekulation – aber das Gedankenspiel sei gestattet: Was hätte denn ein von Pilatus freigelassener Jesus getan? Die Antwort liegt in Richtung der anderen Frage, was Jesus auf dem Fest in Jerusalem vorgehabt hätte, wäre er nicht unmittelbar vor seinem Beginn am Vorabend verhaftet worden und wollten wir annehmen – was wir sollten –, dass er nicht, wie es die spätere deutende Theologie suggeriert, nach Jerusalem zog, um dort zu sterben. Man muss wohl in folgende Richtung denken: er hätte versucht, mit einem großen und erfolgreichen Auftritt am Fest, im Vergleich zu dem jener des Palmsonntags wie eine Generalprobe erschienen wäre, die Volksmassen hinter sich zu bringen und damit nichts Geringeres als eine ‚Reformation' der Religion Israels einzuleiten, insbesondere die geistige Tyrannei der Gesetzlichkeit der Pharisäer zu brechen, den Opferkult zu beenden, den Tempel von einem Schlachthaus und einer ‚Räuberhöhle' zu einem ‚Bethaus', zu einem spirituellen Zentrum zu wandeln und als Bedingung dazu und Folge davon die Macht und Meinungsführerschaft der Priesterschaft zu beschneiden, ja zu beenden – eben deshalb wurde Jesus ja wohl von eben diesen Gegnern in höchster Eile verhaftet und zum Tode verurteilt, ein Sieg in letzter Sekunde, den sie ohne den Verrat des Judas, der Jesus zum schier letztmöglichen Zeitpunkt festzunehmen half, nicht erzielt hätten. Wenn nun Pilatus versucht oder erwogen hätte, Jesus freizulassen, hätte dies bedeutet, dass er ihm die Möglichkeit eröffnet hätte, eben jene Ziele weiter zu verfolgen – nach der Aufmerksamkeit und der Betroffenheit in der Bevölkerung wie in der Festpilgerschaft, die seine Verhaftung und seine Verurteilung zum Tode durch den priesterlich dominierten Hohen Rat ausgelöst haben müssen, sicher nicht mit weniger, sondern mit noch deutlich mehr Aussicht auf Erfolg als zuvor. Pilatus, von den Hohenpriestern dazu ausersehen, als idealer und gewünschter Feind des Volkes ihren eigenen Hauptfeind zu töten, hätte gewissermaßen den Spieß der Intrige umdrehen können: eine Freilassung Jesu hätte die Priesterschaft in wirklich höchste, ja aussichtslose Bedrängnis geführt und einen nicht unbedeutenden Teil des

Volkes vielleicht sogar römerfreundlicher gestimmt. Dass es dazu nicht kam, wird nicht allein daran gelegen haben, dass teils priesternahe und teils mit Aufständischen sympathisierende Gruppen die Amnestie des Barabbas forderten, sondern eher daran, dass die Hohenpriester Pilatus unmissverständlich bedeuteten, sie würden ihn in Rom für die Unruhen, die im Fall der Freilassung Jesu zum Fest in der Stadt unausweichlich (und von ihnen nach Kräften geschürt) zu erwarten wären, persönlich verantwortlich machen (vgl. Joh 19,12b) – derartige Erwägungen und nicht allein Gerechtigkeitsüberlegungen haben für einen Macht- und Realpolitiker Gewicht. – Dieser spekulative Gedankengang ist nicht unplausibel und nicht ohne Bitterkeit über das ‚knappe' Scheitern Jesu nachzuvollziehen – nach menschlichen Maßstäben.

Pontius Pilatus hatte mehr, als wir zu denken gewohnt sind, eine Schlüsselstellung inne und einen beträchtlichen Entscheidungsspielraum bei der Frage, ob Jesus sterben solle oder nicht.

„gekreuzigt, gestorben"   Das Kreuz erscheint uns heute, nach einigen Jahrhunderten christlicher Kunst- und Kulturgeschichte, als würdig-heilvoll religiöses Symbol. Es ist zu einer Chiffre, einer Vignette für das Christliche geworden. Man trägt es als apotropäisches Schmuckstück. Wir sehen kaum noch, welch grässliches Instrument ein Kreuz war: ein Galgen erscheint vergleichsweise human dagegen. Am Galgen stirbt es sich wesentlich leichter als am Kreuz. Welche Brutalität, Menschenverachtung und welcher Sadismus, welche gesellschaftliche Ächtung noch im Töten drückt sich darin aus, einen Menschen öffentlich und nackt an ein Holz zu nageln oder zu binden, bis er, manchmal nach Tagen, daran – verendet. In der Kreuzigung Jesu war für seine Gegner auch das Element einer Genugtuung im ‚Kampf um die öffentliche Meinung' dahingehend enthalten, dass er nun vor aller Augen als zur niedrigsten Strafe verurteilter Krimineller, als Verbrecher der untersten Kategorie gebrandmarkt gelten konnte. Umgekehrt ist der Schock seiner Jünger, Anhänger und Freunde, die auf ihn keine geringeren als messianische Hoffnungen gesetzt hatten, angesichts dieses grässlichen Endes kaum zu ermessen. Nach jüdischem Kalender, der die Datumsgrenze am Abend, beim Aufleuchten der ersten Sterne, ansetzt, hat sich alles an einem einzigen Tag abgespielt, was wir auf zwei kirchliche Gedenktage aufteilen, noch dazu an dem mit Hochstimmung erwarteten ersten Festtag des Passah: Abendmahl, Gang nach Gethsemane, Verhaftung, Verhör, erster Prozess, Todesurteil, Überstellung an Pilatus, weiteres Verhör, Verspottung, Geißelung, Abführung nach Golgatha, Kreuzigung, öffentliches Sterben, eiliges Begräbnis – welch ein Absturz, welch Ereignisstrudel, mit dem psychisch nicht Schritt zu halten war. Jesu früher und plötzlicher Tod war nicht nur für alle seine Freunde ein immenser Verlust, es war auch die Art seines Sterbens eine offene Anfechtung. Paulus spricht vom „Ärgernis", vom „Skandal" des Kreuzes (σκάνδαλον τοῦ σταυροῦ, ‚skandalon tū staurū', z.B. Gal 5,11).

Das ‚Weichzeichnen' des harten Kreuzes beginnt schon im Neuen Testament. Nicht allein durch theologisches Deuten, das dem Kreuzestod Jesu fortschreitend eine Heilsbedeutung zuerkennt, sondern auch durch ‚Ausblenden' des Leidens Jesu, speziell im Johannesevangelium. Der johanneische Jesus, der uns durch seine (vom Evangelisten verfassten und geformten) kapitellangen Reden im Stil griechischer Lehrdialoge teilweise verständlicher zu sprechen scheint als der originale Jesus im echten Teil der alten synoptischen* Überlieferung, welcher in kurzen, kräftigen, nicht selten bildhaften und bildhaft zu verstehenden, teilweise auch rätselhaft-krassen Sprüchen und Gleichnissen redet, der johanneische Jesus, der nicht nur geistiger, philosophischer gar, im Stil eines Lehrers einer hellenistischen Philosophenschule mit seinen Jüngern spricht, sondern, nach der johanneischen Theologie, auch rein geistigen Ursprungs ist, nämlich der mensch- und fleischgewordene Gottesgeist, der λόγος (‚logos' s. zu ‚Sohn Gottes'), dieser johanneische Jesus leidet weniger hart als der synoptische. Er bereitet seine Jünger nicht im Kapitelabstand (wie Markus in Kap. 8 und 9 und 10) darauf vor, dass er bald ‚viel leiden müsse', sondern er spricht, fast wie ein Gegenkonzept formulierend, davon, dass er „erhöht werden müsse" (δεῖ ὑψωθῆναι, ‚dei hypsōthēnai', Joh 3,14 wie 8,28, 12,23–34). Jesus wird bei Johannes ans Kreuz „erhöht" – der Ausdruck schillert zwischen dem bloßen banalen Aufhängen über ein Auffahren zum Vater und ein Eingehen in dessen Herrlichkeit (von wo er ja herkommt, als präexistenter Logos) bis hin zur Apotheose. Die Kreuzigung Jesu im Johannesevangelium ist kaum zu scheiden von seiner „Verherrlichung" (über 20-mal im Johannesevangelium), und entsprechend stirbt Jesus nach Joh 19,30 auch nicht mit einem Schrei der Verzweiflung auf den Lippen, sondern mit dem beinahe triumphierenden Wort: „Es ist vollbracht." Der johanneische Christus glänzt auch noch im Sterben wie eine Ikonenfigur auf Goldgrund. Doch auch die Synoptiker messen dem sterbenden Jesus Aussprüche tiefer Weisheit und Versöhnlichkeit bei, die über das erstüberlieferte Wort, das Psalmzitat bei Markus (15,34) „Mein Gott, mein Gott, warum hast du mich verlassen?" und den womöglich ursprünglich einzig historischen wortlosen Schrei (Mk 15,37) weit hinausgehen. Gerade der zitierte Psalm 22 bietet sich förmlich an, vielfach auf Jesu Passion und Kreuzesleiden bezogen zu werden. Zusammen mit anderen alttestamentlichen Textstellen von hohem Bekanntheitsgrad könnte er freilich auch dazu gedient haben, die Passionserzählung auszugestalten, ja geradezu diese den alttestamentlichen Bezügen entlang zu erzählen. Die Urchristenheit hatte ein eminentes Interesse daran, angesichts des äußerlich schmählichen Todes Jesu die „Schriftgemäßheit" dieses Sterbens zu belegen, ja es als göttlich inspiriert vorausgesagt und daher unabweislich darzutun. Aus solchem wörtlichen Rückbezug auf die ‚Heilige Schrift' des Alten Testaments gewannen nicht nur die eben erst entstehenden Schriften des Neuen heilsgeschichtliche Deutung des nicht einfach zu begreifenden Geschehens um Jesu Ende und eine Verwurzelung des jungen christlichen Denkens in der Glaubensartikulation von Jahrhunderten, sondern die auf solchen Spuren fündig werdenden Menschen gewannen auch Trost und die Ahnung eines großen Sinnzusammenhangs. Gleichwohl sagen die Rückverweise der Passionsgeschichte auf das Alte Testament mehr darüber aus, wie die Urchristenheit Jesu Sterben bewältigte, als darüber, was Jesus selbst als Ziel und Frucht seines Wirkens sah.

„und begraben" Nach der Darstellung der Evangelien wurde Jesus nach seinem gegen 15 Uhr („Neunte Stunde", Mt 27,45f) eingetretenen Tod noch vor Einbruch des Abends begraben von Joseph von Arimathia, einem „reichen Menschen" und „Jünger Jesu" nach Matthäus, einem „angesehenen Mitglied des Hohen Rates", der Jesu Erwartung der „Gottesherrschaft" teilte nach Markus, einem „guten und gerechten Mann", der „mit dem Rat und seiner Praxis nicht auf einer Linie lag" nach Lukas. Nach Johannes wird er unterstützt vom bereits aus Joh 3 bekannten Nikodemus, und Letzterer, nicht etwa die drei Frauen der Synoptiker* am Ostermorgen, bringt „hundert Pfund Myrrhe und

Aloe" mit, und beide salben damit Jesu Leichnam noch am Begräbnis-Nachmittag (Joh 19,39f).

Nach diesen Darstellungen bewahrt Joseph von Arimathia, der sich den Leichnam Jesu von Pontius Pilatus erbittet, Jesus möglicherweise vor dem Verscharrtwerden in einem Massengrab nach der Exekution durch die Römer.

Dass Jesu Anhänger brennendes Interesse an einem würdigen Begräbnis Jesu hatten, erscheint glaubhaft; andererseits ist nicht zu übersehen, wie noch *nach* der Niederschrift des ersten Evangeliums, des Markus, an eben dieser Stelle eifrig nachgebessert wurde – wie mag dann die Überlieferung wohl *vor* ihrer Niederschrift gewachsen sein: Matthäus, der judenchristlichste und gesetzesobservanteste unter den Evangelisten, betont, dass das Leichentuchleinen „rein" und das Grabmal „neu" war – als ob es jetzt noch auf Reinheitsvorschriften ankommen würde; Lukas fügt dem Markus-Text die beinahe übertrieben betont klingende ähnliche Notiz zu, dass in dem Felsengrab „nicht niemals niemand" gelegen habe (οὐκ ... οὐδεὶς οὔπω, ‚ūk ... ūdeis ūpō' 23,53), Matthäus setzt als Sondergut eine ganze weitere Erzählung hinzu, dass nämlich die Hohenpriester und Pharisäer bei Pilatus eine Grab-Wache beantragten und erhielten, um eine durch Leichendiebstahl vorgetäuschte Auferstehung, die sie als „noch ärgeren Betrug" der Jesusjünger im Voraus befürchten, zu verhindern, und dass das Grab „gesichert" und der Stein „versiegelt" worden sei (27,62ff). Matthäus karikiert freilich diese vergeblichen Sicherungsmaßnahmen geradezu, wenn er – und ebenfalls nur wieder er – in der folgenden Auferstehungsszene es wagt, die Auferstehung Jesu, die von den anderen Evangelisten nur als etwas bereits Geschehenes, Unbegreifliches, wohl auch Unbeschreibbares mitgeteilt wird, als Vorgang zu schildern (Mt 28,2): ein „Engel des Herrn" kam vom Himmel, löste ein „Erdbeben" aus, „wälzte den Stein weg und setzte sich darauf", und dort, auf dem Stein sitzend, redet der Engel über die wie tot umgefallenen und später von den „Ältesten" mit Schweigegeld bestochenen Grabeswächter hinweg mit den zwei (bei Matthäus nicht drei) zum Grab gekommenen Frauen, die anschließend nicht schweigen, wie bei Markus, sondern weisungsgemäß alles „verkünden".

Die Darstellung des Matthäus darf bereits als erster Meilenstein in der Entwicklung des Evangelienstoffes hin zu den späteren apokryphen* Evangelien mit ihren zum Teil unsäglich phantasievollen Schilderungen begriffen werden. Es muss also auch damit gerechnet werden, dass die Berichte der neutestamentlichen Evangelien vom Begräbnis Jesu zu einem guten Teil legendenhaft sind und sich zu einem anderen Teil der späteren christlich-jüdischen Auseinandersetzung verdanken, d.h. dass manche Details nichts anderes sind als rückdatierend in Erzählung gekleidete Argumente und Gegenargumente dieser Kontroverse.

Es ist nicht zu erkennen, dass für den frühen urchristlichen Osterglauben das Grab Jesu eine wichtige Rolle gespielt hat. Dazu wird unten zum Stichwort „auferstanden von den Toten" eine Menge zu sagen sein. In den Briefen des Paulus, die älter sind als die Evangelien, findet sich trotz der durchgehenden und für seine Theologie konstitutiven Aussagen über die Auferstehung Jesu kein Hinweis auf ein irgendwie bemerkenswertes Grab, auch nicht auf das „leere Grab" Jesu. Wichtig wurde Jesu Grab erst für die ebenfalls späten Auferstehungsgeschichten *aus dem Grab heraus*, wie sie sich in den Schlusskapiteln der Evangelien finden. Lange hatte die Urchristenheit, die gleichwohl ganz und gar von der Auferstehung als einer neuen Lebendigkeit her dachte, kein Interesse an Jesu Grab; es war kein Thema. Der überlieferungsgeschichtlich alte aufzählungsartige Hinweis bei Paulus in 1 Kor 15,4 „... und dass er begraben worden ist", betont lediglich, dass Jesus wirklich und wahrhaftig tot war, mausetot gewissermaßen – oder wie die Engländer sagen würden: „dead and buried". Das Glaubensbekenntnis könnte mit seinem gleichfalls nichts Weitergehenderes als eben dies ausdrückenden „gestorben und begraben" in der Tat von 1 Kor 15,3 und 4 her formuliert sein. Gerade vor diesem Hintergrund jedoch und erst gegen diesen Kontrast leuchtet der Auferstehungsglaube richtig auf. Wenn Jesus nicht nur eben einmal als partiell unsterblicher Halbgott vorübergehend ins Grab stieg, sondern so tot war, wie ein Mensch nur tot sein kann, dann ist seine folgende Lebendigkeit keine wundersam angeborene Unsterblichkeit und auch kein Weiterleben nach einem Scheintod, sondern *eine Art Neuschöpfung Gottes*; und wenn in der Art seiner Hinrichtung auch die äußerste Brandmarkung und Ächtung durch seine Feinde lag, dann ist es eine *Rehabilitierung*, ja geradezu eine *Vergöttlichung*, wenn die ersten Christen sagen: Gott hat ihn nicht im Tode gelassen, nicht in der Besiegtheit und Unwirksamkeit, sondern zu neuer wirksamer, erfahrbarer Lebendigkeit erweckt. Gott hat ihn aus dem Tod in ein Leben geholt, das nicht mehr das vorhergehende Leben von uns Menschen ist, sondern sein eigenes, das

Leben Gottes. *Dann ist Auferstehung von Anfang an auch Apotheose, Vergöttlichung.*
Doch bevor wir das Herzstück des urchristlichen Glaubens, die Auferstehung Jesu, bedenken können, ist noch der eigenartige Satz zu behandeln:

„hinabgestiegen in das Reich des Todes" Vor der 1971 erfolgten Textrevision des Glaubensbekenntnisses hieß es an dieser Stelle: „niedergefahren zur Hölle". Was bedeuten beide Aussagen?
Das antike Weltbild dachte sich die Welt gewissermaßen in drei Stockwerke eingeteilt: in der Mitte die Erdscheibe, von Wasser umgeben, den ‚Erdkreis' als Wohnort der Menschen. Über ihm das Himmelsgewölbe, die Himmelsfeste, das Himmelszelt, und dort oben auch, nicht präzise ausgeführt und bildlich nicht genau vorstellbar freilich, den Ort Gottes (s. oben zu „Schöpfer"). Unter dem Erdkreis schließlich die Unterwelt, den Ort der Verstorbenen, der eigenartigerweise im Altertum in verschiedenen Kulturen und Religionen durchaus ähnlich vorgestellt wurde: die Hebräer sprachen von der Scheol, die Griechen vom Hades, und besonders Letzterer war mit Sagen und Mythen plastisch und reichlich ausgeschmückt und beinahe vorstellbar geworden. Dort unten, dachte man, leben – oder besser – dämmern die Seelen der Verstorbenen schattenhaft dahin.
Nun stellte sich die junge Christenheit eine nicht nur logische, vorstellungsmäßige, sondern eine zugleich sehr emotional besetzte Frage: wenn Jesus das Heil der Menschen ist, wenn er in ein neues Leben führt, gilt dann sein Heilswerk auch jenen, die zeitlich *vor* ihm gestorben sind? Sind sie, zumal die nahen jüngstverstorbenen Angehörigen der frisch an Jesus gläubig Gewordenen, etwa ausgeschlossen von seinem Heil, nur weil sie ihn, schuldlos, mehr oder weniger knapp nicht mehr erlebten?
Wir müssen uns zudem vergegenwärtigen, dass man im Urchristentum glaubte – und diese Vorstellung findet im Glaubensbekenntnis weiter unten ebenfalls ihren Ausdruck –, die Welt werde nicht mehr lange bestehen, das Weltende und damit das Weltgericht werde noch zu Lebzeiten der gegenwärtigen Generation stattfinden, die an Jesus Glaubenden würden aber selbstredend zu den Erlösten und nicht zu den Verdammten zählen, und dies bedeutete wiederum, sie bräuchten nicht zu

sterben, sondern würden sogleich bei Christi Wiederkunft ‚in einem Augenblick verwandelt' (1 Kor 15,51f), von diesem irdischen Leben in das kommende himmlische Leben hinübergleiten, hinübergehoben werden, ohne den Weg durch die Unterwelt gegangen zu sein. Die Vorstellung, erstmals seit Beginn des Menschengeschlechts einer Generation anzugehören, die ‚den Tod nicht schmecken' bräuchte, war eine durchaus angenehme.

Dass also die bei der Wiederkunft Christi noch lebenden Glaubenden ins neue Leben eingehen würden, war allgemein anerkannte Lehre und zählte zu den grundlegenden Hoffnungen der frühen Christen. Doch umso härter, gerade in Bezug auf die kurz zuvor verstorbenen Lieben, stellte sich ihnen die Frage: haben die *vor* Jesus Verstorbenen nur deswegen keine Chance, weil sie ihn knapp verfehlten? Auf diese Frage, die nicht nur ein Gedankenspiel war, das von Prämissen mit einigen Unbekannten ausgeht, sondern eine aus Liebe zu den Verstorbenen entwickelte Problemanzeige, formulierten die frühen Christen eine Antwort, die zwar sehr bildhaft ist, die gleichfalls von den antiken Vorstellungen über die Unterwelt ausgeht und daher für uns nicht wörtlich zu nehmen, aber sehr schön ist, fast anrührend schön, und die zeigt, welch großes Zutrauen man zu Jesus hatte. Sie sagen: Jesus war selbst dort unten in der Unterwelt, weil er als Getöteter eben dorthin kam, und er hat dort unten auch den Verstorbenen gepredigt und ihnen damit ebenso wie den Lebenden die Chance eröffnet, an ihn zu glauben und beim Endgericht – nach vorausgegangener allgemeiner Auferstehung, wie man es sich vorstellte – zu bestehen und gerettet zu werden.

Man könnte einwenden: ausdrücklich findet sich doch im Glaubensbekenntnis der Gedanke gar nicht, dass Jesus in der Unterwelt gepredigt habe, um auch dort gläubig gewordene Verstorbene zu retten; es heißt doch nur: „hinabgestiegen"?

Hier zeigt sich abermals, was schon oben beklagt wurde, wie das Glaubensbekenntnis wertvolle und schöne Gedanken, die im Urchristentum bereits vorhanden waren, nicht wiedergibt und statt ihrer die reinen telegrammstilartig aufgelisteten scheinbaren Fakten nennt, die nun nicht mehr als kreativ entwickelte bildhafte theologische Aussagen in Erscheinung treten, sondern quasi als faktische Stationen eines metaphysischen Lebenslaufes und eben dadurch unverständlich oder bezweifelbar erscheinen. Die Vorstellung von der ‚Höllenfahrt Christi', dem ‚descensus ad inferos', stammt nämlich aus dem 1. Petrusbrief. Es lohnt sich, dort nachzulesen. Da heißt es in 3,18ff: „Christus ist ... getötet nach dem Fleisch, aber lebendig gemacht nach dem Geist. Dabei ist er auch hingegangen und hat gepredigt den Geistern im Gefängnis, die vorzeiten nicht glaubten ... zu den Zeiten Noahs, da man die Arche zurüstete ...".

Die ‚Geister im Gefängnis' sind zweifellos die Seelen der Verstorbenen in der Totenwelt. Diesen hat Jesus, sagt der Verfasser des 1. Petrusbriefes, selbst tot, gepredigt (vgl. 1 Petr 4,6). Zudem hat er sich von allen verstorbenen Seelen gewissermaßen die allerschlimmsten Sünder ausgesucht: „die vorzeiten nicht glaubten zu den Zeiten Noahs". Das *Sintflut*geschlecht galt in der jüdischen Überlieferung als einzigartig sündig; seinetwegen ist ja, dem altem Mythos zufolge, die Sintflut über die Erde gekommen. Zu keiner anderen Zeit, dachte man, gab es derart böse Menschen, die ja eben wegen ihrer unvergleichlichen Sündhaftigkeit auch bis auf Noah und seine Familie erdkreisweit ausgerottet wurden. Genau diesem Inbegriff von Sünde und Bosheit habe Jesus in der Unterwelt gepredigt, denen, die „vorzeiten ungläubig waren": doch sicherlich, so die Vorstellung des 1. Petrusbriefes, zu keinem anderen Zweck als dem, dass sie nun – letzte Chance – noch gläubig werden könnten. Der Gedanke ist sympathisch, so sehr er auch in antiquierten Bildern und Begriffen, die ihrerseits freilich wiederum zu einer völlig neuen kühnen Aussage umgedreht werden, einherkommt.

Im Verlauf der Dogmengeschichte wurde die verschiedentlich vertretene Lehre von der All-Erlösung (ἀποκατάστασις πάντων, ‚Apokatástasis pántōn') mehrfach abgelehnt, die Vorstellung, am Ende der Heilsgeschichte werde niemand unerlöst zurückbleiben. Die Kirche verketzerte diese Ansicht in der Regel und bestand auf einer bleibenden Unterscheidung von Erlösten und Verdammten, schon um selbst mit ihrer eigenen Erlösungsarbeit nicht unwichtig zu werden. Solche Gedanken, wie sie hier der 1. Petrusbrief äußert, tendieren aber deutlich in die Richtung einer allseitigen Erlösung; insofern hat die verworfene Lehre von der Allerlösung durchaus eine biblische Grundlage: sogar die schlimmste Abteilung der Sünder in der Unterwelt bekommt von Jesus noch eine Chance. Es spiegelt sich in diesen Gedanken, auf metaphysischer Ebene, ein Wesenszug Jesu aus seinem realen Erdenleben wider: Jesus hat Sünder nicht ausgegrenzt, sondern hat versucht, sie zu gewinnen. Leider wird davon im Glaubensbekenntnis nicht deutlicher gesprochen. Der Wortlaut des Glaubensbekenntnisses erscheint zumal uns Heutigen auch insofern nicht selten als spröder unverständlicher Lehr- und Lerntext, als er sich nicht transparent erweist für das sympathische und oft unmittelbar einleuchtende Handeln Jesu.

„am dritten Tage auferstanden von den Toten" Im Fortgang des Glaubensbekenntnisses erscheint die Auferstehungsaussage wie eine weitere Station des Lebensweges Jesu; glaubensgeschichtlich war sie jedoch der Anfang, der Ursprung, die Quelle des urchristlichen Glaubens. Im Osterglauben, im Auferstehungsglauben liegt die Entstehung des Christentums begründet.
Keineswegs darf die Auferstehung Jesu allein als lineare Fortschreibung eines, wenngleich einzigartigen, Lebenslaufes gesehen werden. Sich theologisch an die Auferstehung Jesu heranzudenken, ist vielmehr in gewisser Weise dem Bemühen vergleichbar, kosmologisch den sog. „Urknall" der Welt in Gedanken zu fassen. Dem Urknall verdankt das All seine Existenz; der Auferstehung Jesu der christliche Glaube seine Ursprungsdynamik. So wie es für den Kosmologen möglich ist, Welt-Zustände kurz nach dem Urknall zu beschreiben, aber unendlich schwer, zu bestimmen, ‚was da genau geknallt hat', so ist es für den Theologen ungleich leichter, ein ‚Vorher' und ‚Nachher' der Auferstehung zu unterscheiden als über diese selbst etwas auszusagen. Freilich hat der ‚Urknall'-Vergleich darin seine Grenze, dass in der Person des historischen irdischen Jesus sehr wohl das ‚Vorher' erfassbar ist. Und dennoch gilt: keine Zeile des Neuen Testaments wurde ‚vorher' geschrieben; alles, was wir über Jesus erfahren, ist aus der Welt des ‚Nachher' eingefärbt; die Evangelien gewähren kaum einen intensiven Blick auf Jesus ohne ‚Auferstehungs-Brille'; ein historisches Jesusbild muss den nachösterlichen Evangelien mit etlichem Aufwand an analytischem Scharfsinn abgerungen werden.
Es ist unerlässlich, sich den Unterschied zwischen vorösterlichem und nachösterlichem Jesusbild etwa anhand der folgenden kurzen Vergleiche vor Augen zu halten: *vorher* erschien Jesus offenbar als Mensch und Wanderprediger, *nachher* jedoch als göttlicher Offenbarer. *Vorösterlich* ist er „Jesus", *nachösterlich* „Christus". Zu seinen irdischen Lebzeiten warb er um *Nachfolge* und *Vertrauen* in sein *Reformprogramm*, die urchristliche Gemeinde wirbt um Anerkennung seiner neuen Lebendigkeit und transzendenten Wirksamkeit. Jesus warb für einen erneu-

erten Glauben an den alten Gott, Christus wird als Auferstandener selbst *Gegenstand* des Glaubens. Historisch wirkte er in Palästina, für die Urchristenheit ist er allgegenwärtiger Herr der ganzen Welt. An Karfreitag erlebten seine Anhänger sein tragisches Scheitern und grässliches Sterben, seit Ostern feiern sie sein sieghaftes Leben. Die Verkündigung des irdischen Jesus kreiste in kreativen Worten und Gleichnissen um die zwei Brennpunkte *Gottesherrschaft* und *Nächstenliebe* als den beiden Lösungs-Quellen menschlicher Grundprobleme, die urchristliche Mission stellt den Auferstandenen selbst als Zielobjekt und ihre Aussagen über ihn als Inhalt des Glaubens dar. Das Wirken des irdischen Jesus war auf eine grundlegende Reform des Judentums gerichtet, die aus Juden und Heiden zusammenfindenden Gemeinden der Urchristenheit lösen sich vom Judentum ab, integrieren griechisch-hellenistisches Gedankengut und begründen eine neue Weltreligion. Der irdische Jesus malte Gott als liebenden Vater vor Augen, der dem Fehler begehenden Menschen zugeneigt bleibt, der auferstandene Christus wird bald als Herrscher an Gottes Statt verehrt und als kommender Richter erwartet. In der aus vorösterlicher Zeit stammenden alten Überlieferung beeindruckt Jesus am meisten durch seine Ausdrucksfähigkeit in ansprechenden Weisheitsworten und plastisch bildhaften Gleichnissen von tiefer menschlicher Einsicht und Seelenkenntnis, in der nachösterlich verbreiteten Jesus-Darstellung aber eher durch Wundertaten jeglicher Art, die man ihm nachrühmt.
Die Unterschiede sind deutlich.
Wo ist nun der Dreh- und Angelpunkt zu suchen, der das Vorherige zum Nachherigen wandelte und umschmolz, mit einer urknallhaften Energie die Jesus-Bewegung zur Weltreligion weitete? Es ist die „Auferstehung" – eben das zwischen dem ‚Vorher' und dem ‚Nachher' Stehende.
Die Frage ist nur: wie ist sie vorzustellen, wie wirkte sie – was geschah?
Traditionellerweise wird die Antwort auf diese Frage mit jenen Ostergeschichten gegeben, die sich in den jeweils letzten Kapiteln der Evangelien finden, vor allem mit der bekanntesten, wie drei Frauen das Grab Jesu leer finden (Mk 16,1–8 und die Parallelen bei Matthäus und Lukas).
Doch eben diese Erzählung vom ‚leeren Grab' trägt die Begründungslast nicht, die ihr auferlegt wird. Sie stammt nämlich entstehungsgeschichtlich nicht aus der Anfangs-, sondern aus der Endzeit der Entwicklung

des Auferstehungsglaubens. Sie begründet den Osterglauben nicht, sondern ist sein Produkt.
Dieser Sachverhalt ist Nichttheologen weithin unbekannt. Unbestritten in der neutestamentlichen Exegese ist, dass die Evangelien erst Jahrzehnte nach der Kreuzigung Jesu geschrieben wurden, das erste und älteste des Markus etwa im Jahre 69. Nun könnte freilich ein später geschriebenes Evangelium eine früher schon mündlich weitergegebene alte Überlieferung darbieten, so wie es ja mit den vorösterlichen Worten und Taten Jesu, abgesehen von ihrer nachösterlichen Einfärbung, geschieht. Doch die Erzählung vom leeren Grab hebt sich mit ihren wunderhaften Zügen von der alten Jesusüberlieferung ab, sie ist wie ihr Gegenüber der Geburts- und Weihnachtsgeschichten eher zur Rahmung der alten Jesusüberlieferung zu rechnen als zu dieser selbst. Sie erhebt auch in sich nicht den Anspruch, den Osterglauben zu begründen, denn die das Grab Jesu leer findenden Frauen erschrecken über ihrer Entdeckung so sehr, dass sie ‚niemandem etwas sagen' (Mk 16,8 – erst die späteren Evangelisten Matthäus und Lukas, die den Markus abschreiben, verkehren speziell diesen Zug ins Gegenteil). Vor allem aber ist in den Schriften des Neuen Testaments, die älter sind als die Evangelien, den Paulusbriefen, von einem leeren Grab Jesu keine Rede.
Wir stehen vor dem eigenartigen Sachverhalt, dass die Urchristenheit jahrzehntelang von der Auferstehung Jesu sprach, sie wie selbstverständlich als allgemein geläufig, bekannt und anerkannt und für den eigenen Glauben grundlegend voraussetzte, aber nicht mit dem leeren Grab Jesu argumentierte oder darauf Bezug nahm. ‚Auferstehung' muss für die Urchristenheit etwas anderes gewesen sein, als es uns die späten Schlusskapitel der Evangelien erscheinen lassen. Von der Grabesgeschichte her kann also die Antwort auf die Frage, was Auferstehung für die Urchristenheit war, nicht entwickelt werden.
Eine solche Umkehrung der gewohnten Betrachtungsweise ist durch die Quellenlage des Neuen Testaments geboten, auch wenn sie – selbst innerhalb der Theologenzunft – bisweilen heftige Abwehr erzeugt oder gar mit dem Verteilen von Ketzerhüten unterbunden werden soll.
Die Schlusskapitel der Evangelien enthalten neben der Grabesgeschichte sehr verschiedenartige Erzählungen von *Erscheinungen* des Auferstandenen vor den Jüngern. Diese Begegnungen – wie auch immer sie zu denken sind – erwecken nach dem Selbstverständnis der Erzählungen den Osterglauben der Jünger, im Unterschied zum ‚leeren

Grab', das verwirrtes Erschrecken auslöst. Die Erscheinungserzählungen, die teils als ein Stück kunstvoller Literatur vom Evangelisten verfasst worden sind, wie besonders deutlich die lange Emmauserzählung in Lk 24, und teils aus der mündlichen Überlieferung vor der Aufzeichnung der Evangelien stammen, enthalten drei wichtige Grundmotive: die den Tod Jesu betrauernden und verängstigten Jünger werden durch die Erfahrung seiner neuen Lebendigkeit getröstet und ermutigt, ihre etwaige Schuld oder ihr Versagen im Zusammenhang mit der Kreuzigung Jesu wird vergeben (Joh 21,15ff Jesus zu Petrus) und sie werden neu gesendet, nun nicht mehr als Boten des irdischen Jesus, sondern als Zeugen des Auferstandenen.

Sieht man von der wunderhaft-bildlichen Schilderung dieser Szenen ab und konzentriert man sich auf die geistigen, psychischen, existenziellen Inhalte, so kommt man der Frage, was Jesu Auferstehung war, näher.

Seit alters wird die Frage diskutiert, ob die Erscheinungen des Auferstandenen objektives Geschehen oder subjektiv-visionäres Erleben waren. Die Antwort ist: es ereignete sich beides. Man könnte sagen, die objektive Wahrheit, dass die geistige Wirksamkeit und Gegenwart Jesu nicht vergangen waren, drückte sich in subjektiven Erfahrungen aus. Freilich muss hinzugefügt werden, dass ‚objektive Wahrheit' im hier begegnenden Sinne von der geistigen Art und nicht der materiell-naturwissenschaftlichen Art ist und dass die Erscheinungsszenen nicht bildlich so vorgestellt werden brauchen, wie sie sich lesen: es sind nicht historische, sondern typische Szenen, die das Unbeschreibliche zu beschreiben versuchen.

Wenn zwischen Kreuzigung Jesu (etwa im Jahre 30) und erstem Bekennen des Auferstehungsglaubens unmittelbar danach und der Niederschrift der synoptischen Evangelien (Markus kurz vor 70, Matthäus um 80, Lukas um 90) rund 4 bis 6 Jahrzehnte vergangen sind, dann ist es nicht verwunderlich, sondern steht es zu erwarten, dass die Evangelisten, die auf vierzig bis sechzig Jahre Glaubensgeschichte und -diskussion zurückblicken, Antworten zu geben versuchen auf Fragen, die sich um die Auferstehung Jesu unausweichlich gebildet hatten; und sie tun dies in ihrem jeweils letzten Kapitel ebenso wie auch zuvor in ihren Werken nicht diskursiv-abstrakt, die Gattung des fortlaufend darstellenden Evangeliums sprengend, sondern eben erzählend: die Erscheinungsgeschichten des Auferstandenen sind zu einem guten Teil narrative Theologie.

Wenn man sich mit diesem Gedanken erst einmal vertraut gemacht hat, erkennt man unschwer, wie in den Erscheinungsgeschichten die damals kursierenden Missverständnisse, einseitigen Betrachtungsweisen oder gar Polemiken *durch Erzählung* abgewehrt werden sollten: der Auferstandene kann durch verschlossene Türen treten, erscheinen und wieder verschwinden – er ist also nicht mehr ein Mensch aus Fleisch und Blut wie zuvor, war nicht etwa nur scheintot, ist nicht simpel wiederbelebt (Joh 20,19). Der Auferstandene nimmt Speise zu sich – ist also andererseits auch nicht reine Vision, Geist oder Gespenst, sondern deutlich real (Lk 24,42f). Die Grabeswächter *beobachten* den Engel, der den Stein vor dem Grabe wegwälzt – der Leichnam Jesu ist also nicht etwa von Menschen gestohlen worden (Mt 28,2ff). Der Auferstandene trägt noch sichtbar die Wundmale des Gekreuzigten – die Identität mit dem Gestorbenen ist gesichert; Gott hat nicht etwa ein neues Himmelswesen gesandt (Lk 24,39; Joh 20,27).

Es ist bemerkenswert, dass solche Erscheinungsgeschichten sich *nicht* im ältesten Evangelium finden, bei Markus. Das Markusevangelium endete ursprünglich mit Kapitel 16, Vers 8. Erst nachträglich – und das ist in guten Bibelausgaben vermerkt – wurden ein kurzer oder ein langer „Markusschluss" hinzugefügt, und zwar nochmals nach dem Abgeschriebenwerden des Markus durch Matthäus und Lukas. Der Ausklang des gesamten Evangeliums aber auf die Worte „… und sie sagten niemandem etwas, denn sie fürchteten sich" ist krass, unerbaulich, offen, und er provoziert – von Markus wohl auch beabsichtigt – Ergänzungen und eigene Bekenntnisse des Lesers oder Hörers. So ist es nicht verwunderlich, dass die zehn bis zwanzig Jahre später den Markus abschreibenden Evangelisten Matthäus und Lukas hier weitere Erzählungen anfügten, die der Klarstellung, Abrundung und Befestigung des Osterglaubens dienen sollten. Diese Entstehung der Schlusskapitel der Evangelien macht nochmals deutlich, dass die Geschichten, die wir heute dort lesen, nicht den Auferstehungsglauben der ersten Urchristenheit begründet haben, sondern ihrerseits Ausdruck, Produkt und Fixativ des zeitgenössischen Osterglaubens waren.

Wie schon erwähnt, finden wir im Neuen Testament Dokumente, die um Jahrzehnte älter sind als die Evangelien, nämlich die Paulusbriefe. Auch sie sprechen, teils in markanten Sätzen und Passagen, teils durchgängig den Osterglauben voraussetzend, von Jesu Auferstehung. Sie sprechen aber eben nicht von einem leer gefundenen Grab Jesu (vgl.

auch oben zum Stichwort „… und begraben"); erst in der Gedankenspur der späteren Grabgeschichten der Evangelien empfindet man das „er wurde begraben" und das „er ist auferstanden" von 1 Kor 15,4 als exakt komplementäre Aussagen.

Was schreibt Paulus über die Auferstehung Jesu?

In 1 Kor 15,8 zählt sich Paulus als letzten in die Reihe der Osterzeugen, denen der Auferstandene „erschien". Weil er zeitlich der letzte ist und qualitativ wegen seiner christenfeindlichen Vergangenheit diese Ehre und Berufung eigentlich nicht verdient hat, nennt er sich „Nachgeburt" (Vers 8). Der Ausdruck aber, welcher die ganze Osterzeugen-Liste des Paulus stereotyp gliedernd durchzieht, nämlich „er erschien" ist besonderer Aufmerksamkeit wert. Das griechische ὤφθη („ōphthē', Passiv von ὁράω, ‚horāō', „sehen") ist die genauestmögliche Wiedergabe des hebräischen נִרְאָה („nir'ah', Nifal von ראה ‚ra'ah', „sehen") und bedeutet „er ließ zu, gesehen zu werden", „er ließ sich sehen", „er zeigte sich" und ist ein alttestamentlicher Terminus für eine Theophanie oder eine Vision Gottes. In Ex 3,2 „erscheint" dem Mose im brennenden Dornbusch zunächst der Engel Gottes, ab Vers 4 Gott selbst; Mose verhüllt daraufhin Vers 6 sein Angesicht, um Gott eben *nicht* zu „sehen", und doch sagt Mose Vers 16, Gott sei ihm „erschienen", wörtlich habe „sich sehen lassen" – es wird bereits hier wie an ungezählten anderen alttestamentlichen Stellen deutlich, dass der Terminus „erscheinen" nicht ein visuelles Sehen, sondern ein Offenbaren der Präsenz bedeutet, die in der Regel der Übermittlung einer Botschaft oder Sinn-Mitteilung dient. Wenn an dieser Stelle in Ex 3 vom „Erscheinen" Gottes gesprochen und gleich anschließend in Ex 4,1 und 4,5 diskutiert wird, ob Mose wirklich Gott „gesehen" habe, dann ist die Frage nicht, ob er nun weiß, wie Gott aussieht, sondern ob sich Gott ihm glaubhaft gegenwärtig, präsent erzeigt, sich ihm ‚geoffenbart' hat. Der Ausdruck „er erschien" bezeichnet nicht einen Seh-Vorgang, sondern eine geistige Übermittlung von Wahrheit aus einer anderen Dimension. Es sind wiederum erst die späteren Auferstehungs-Erscheinungs-Geschichten der Evangelien, welche die geistige Ebene dieses Verständnisses absenken auf ein bildhaft-visuell-reales Sehen – bis hin zu einem leiblichen Betasten. Deutlich zeigt sich der *geistige* Sinn des Ausdrucks „er erschien" bzw. „er ließ sich sehen" bereits vor Mose auf die Erzväter bezogen in Ex 6,3. Dort heißt es, Gott sei dem Abraham, Isaak und Jakob „erschienen" – aber von Isaak werden gar keine Gottesbegegnungen berichtet. Der Ausdruck meint offensichtlich, Gott habe sich als der Lebendige, Wirksame, im Lebensweg und besonderen Situationen Erfahrbare erwiesen. Wenn Gott in Ex 6,3 dem Mose sagt, er sei bereits den Erzvätern „erschienen", und nun in Ex 3,16 den Mose beauftragt, den Ältesten mitzuteilen, eben dieser Gott der Erzväter sei nun auch ihm „erschienen", dann drücken die Verfasser dieser alten Texte doch aus, dass Gott sich hier als der auch für Mose und sein Volk ‚zuständige' Gott vorstellt, sich ihm mitteilt, sich als sein Gott und Herr offenbart und sich als der ausschließlich zuständiger Helfer anbietet. Dieses Verständnis des Begriffes würden wir auch auf das „Erscheinen" des auferstandenen Jesus in 1 Kor 15 anwenden – wenn wir die späteren Evangelien-Erzählungen nicht kennen würden und wenn sie nicht unsere Vorstellungen beherrschten.

Ein Zwischenergebnis kann formuliert werden: Auferstehung Jesu bedeutete für die ersten Christen, dass der kürzlich gekreuzigte Jesus nun ihr Gott und Herr ist und sich unerwartet kraftvoll und hilfreich als der Bestimmende über ihren Lebensweg und ihre Lebensanschauung erweist.

Diese allgemeine Aussage trifft für Paulus ganz persönlich und biographisch zu. Er wurde vom Christenverfolger zum Christuszeugen, weil ihm der Auferstandene „erschien" (1 Kor 15,8). Durch die dabei vermittelte Erfahrung der Wirksamkeit Jesu wurde er zum Apostel: „Bin ich nicht ein Apostel? Habe ich nicht unseren Herrn Jesus gesehen?" (1 Kor 9,1 ἑώρακα, ‚heōraka', ebenfalls von ὁράω, ‚horāō', „sehen"). Die Erfahrung der „Erscheinungen", die vermittelte Einsicht in die Auferstehung Jesu und seine neue lebendige Wirksamkeit beinhaltet also einen Drang oder eine Beauftragung zum Weitersagen, zum Verkündigen. (Dieser Effekt geht von der späteren Grabesgeschichte in Mk 16,8 gerade *nicht* aus.)

Die „Erscheinung" des Auferstandenen vor Paulus ist zweifellos identisch mit der Begebenheit, die wir sein Damaskuserlebnis zu nennen pflegen und das wir nicht als Ostererscheinung, sondern als Bekehrungserlebnis zu klassifizieren gewohnt sind. Diese Einstufung der Erscheinung des Auferstandenen als „Bekehrung des Paulus" rührt aus der Apostelgeschichte des Lukas her, in der die Begebenheit gleich drei mal, in den Kapiteln 9, 22 und 26 erzählt wird.

Paulus selbst äußert sich nur in knappen unanschaulichen Sätzen über dieses Schlüsselerlebnis: 1 Kor 9,1 „… habe ich nicht Jesus, unseren

Herrn, gesehen? ..."; 1 Kor 15,8 „... zuletzt nach allen erschien er auch mir ..." oder Gal 1,11f „ich habe das Evangelium, das von mir verkündet wird ... von keinem Menschen überliefert noch gelehrt bekommen, sondern durch die Offenbarung Jesu Christi" und Gal 1,15 „Als es aber Gott wohlgefiel, der mich von meiner Mutter Leibe an hat ausgesondert und berufen durch seine Gnade, dass er seinen Sohn an mir offenbarte, damit ich ihn durchs Evangelium verkündigen sollte ...".

Für Paulus ist das oben formulierte Zwischenergebnis zutreffend: In der Begegnung mit dem Auferstandenen erlebt er diesen als seinen Herrn, der ihn beruft und sendet und sich als der fortan über seinen Lebensweg und sein gesamtes Denken Bestimmende erweist. Die „Erscheinung" des Auferstandenen nimmt die Stelle ein, die bei den alttestamentlichen Propheten die Berufungsvision hatte. Freilich braucht Paulus noch etwa 17 Jahre der inneren geistigen Arbeit und Zurüstung (Gal 1,18 und 2,1), bis er als eigenverantwortlicher Missionar für Christus mit anspruchsvoller Theologie in die Welt reist.

In der Apostelgeschichte dagegen erzählt Lukas, recht spät, um das Jahr 96 schreibend, also an die 65 Jahre nach dem geschilderten Ereignis, gleich dreimal (Kap 9, 22, 26; die letzten beiden Male den Paulus selbst sprechen lassend) die spannende Geschichte von dem durch eine Himmelserscheinung ausgebremsten Wüterich, mit blendender Lichterscheinung, Himmelsstimme, Sturz zur Erde, plötzlicher Blindheit, Heilung, Bekehrung und Taufe nach wunderbar arrangiertem Zusammentreffen mit einem damaszenischen Christen (Kap 9), ja gar einer ekstatischen Vision im Jerusalemer Tempel (Kap 22) und *sofortiger* anschließender Predigttätigkeit des Paulus (9,20). Es ist deutlich zu erkennen, wie das Schlüsselerlebnis des Paulus, das ihn zum Christen machte und über das er selbst nur wenige Worte verliert, inzwischen zu einer facettenreichen Bekehrungslegende ausgeweitet worden ist, deren Popularität Lukas mit dreimaliger Verwendung von sich steigernden Fassungen nutzt und fortführt.

Doch obwohl die „Bekehrung des Paulus" nach der Apostelgeschichte des Lukas, die der Sache nach das Auferstehungserlebnis des Paulus wiedergibt, durch langes Weitererzählen zu einer breiten Wundergeschichte bzw. Bekehrungslegende ausgeweitet worden ist, stellt sie dennoch – immer noch – die Erscheinung Jesu als *vom Himmel her* dar. Die Erscheinungsgeschichten der Schlusskapitel der Evangelien und gar die Grabesgeschichte ziehen sozusagen die Begegnungsebene nochmals

herunter zu zwar eigenartigen, aber auf dem Erdboden spielenden Szenen. Auch dies zeigt, wie die Schlusskapitel der Evangelien nicht ältestes Gut, sondern überlieferungsgeschichtlich jüngsten Stoff vermitteln.
Vergleicht man die zurückhaltenden Aussagen des Paulus über das „Erscheinen" des Auferstandenen ihm gegenüber und die Ausweitung desselben Vorgangs zur breit erzählten Wundergeschichte, dann kann man nach dem Maßstab dieses Wachstums im Zeitraum einiger Jahrzehnte auch die spät niedergeschriebenen Erscheinungsgeschichten der Evangelien als Endprodukte einer Entwicklung taxieren.
Im ‚Auferstehungskapitel' des Paulus, in 1 Kor 15, schließt sich an die Liste der „Erscheinungs"-Empfänger ein langer und anspruchsvoller Diskurs an, in dem Paulus in mehreren Wiederholungen bzw. Variationen zunächst die Schlussfolgerung zieht: Wenn Christus auferstanden ist, können und werden auch die verstorbenen Menschen auferstehen. Die Auferstehung Jesu ist ein Beleg für die Erwartung der Auferstehung der Toten.
Wenn man von den Schlusskapiteln der Evangelien her denkt, speziell der Erzählung vom leeren Grab, dann erscheint diese logische Folgerung des Paulus als nicht besonders originell und als nicht besonders schwierig nachzuvollziehen. Die geistige Leistung des Paulus erkennt man erst, wenn man sich vergegenwärtigt, *dass es diese Geschichten zu seiner Zeit noch nicht gegeben hat.* Paulus konnte nicht argumentieren: so wie Jesus aus dem Grab hervorging, so werden auch wir Menschen aus dem Grab hervorgehen – denn der Auferstehungsglaube war noch gar nicht auf das Grab bezogen, sondern auf die lebendige Präsenz Gottes, der Neues schafft. Von dort her argumentiert Paulus, und darum müht er sich so sichtlich, immer neu hin und her vergleichend, die Zuversicht auszudrücken: wenn Gottes schöpferische Lebenskraft so groß ist, wie wir sie darin erfahren, dass von dem gestorbenen Jesus die stärkste Lebendigkeit ausgeht, dass der gescheiterte Gekreuzigte siegt, der von seinen Feinden Eliminierte in gottgleicher Präsenz über uns herrscht, wenn Gott den toten Jesus zu seinem ‚Sohn' erhöhen konnte (Röm 1,4 – vgl. oben zu ‚Gottes Sohn'), dann wage ich den Schluss, dass auch unser Tod ins Leben führt, dass also das, was wir an Christus als „Erstling" beobachten, auch für uns Menschen gilt (abgesehen freilich von der Gottessohnschaft). Hier wird geistig argumentiert, hier wird aufgrund von Existenzerfahrungen Theologie formuliert und hier wird der gleiche Begriff „Auferstehung" etwas verschieden eingesetzt, je

nachdem, ob es sich um die geschehene Auferstehung Jesu oder die erwartete der Menschen handelt; wenn man hier lediglich den Sprachgebrauch der Erzählungen vom leeren Grab vernimmt, klingt der Diskurs banal.

Dass Paulus in 1 Kor 15,12ff nicht schlichtweg, wie wir es zu lesen gewohnt sind, von einem bekanntermaßen leeren Grab Jesu darauf schließt, dass auch die verstorbenen oder noch versterbenden Menschen aus ihrem Grabe auferstehen werden, liegt aus mehreren Gründen nahe: Paulus erwähnt das leere Grab Jesu gerade nicht. Die Grabesgeschichten der Schlusskapitel der Evangelien waren, wie gesagt, zur Zeit des Paulus noch nicht geschrieben. Und vor allem: die frühe Urchristenheit hat, wenn sie von ‚Auferstehung Jesu' sprach, vom lebendig machenden Geist Christi her gedacht, aus dem und in dem sie lebte, nicht vom Grab des irdischen Jesus.

Nach 1 Kor 15,12b vertreten „manche" (τινες, ‚tines') in der korinthischen Gemeinde die Meinung, „dass es eine Auferstehung der Toten nicht gibt" (ὅτι ἀνάστασις νεκρῶν οὐκ ἔστιν, ‚hoti anastasis nekrōn ūk estin'). Dies kann kaum bedeuten, dass die Auferstehung Christi bezweifelt worden ist, denn in diesem Falle könnte Paulus die Gruppe schwerlich als Teil der christlichen Gemeinde anerkennen – das ist sie aber; es sind „manche bei euch", „in" euch, „in" eurer Gemeinde, ἐν ὑμῖν τινες (‚en hymin tines'). Es scheint also Christen gegeben zu haben, welche die Auferstehung Jesu als Basis ihres neuen jungen Glaubens anerkannten, ihre eigene Auferstehung nach dem Tode oder die ihrer verstorbenen Mit-Gemeindeglieder und Angehörigen aber nicht erwarteten. Dieser Sachverhalt bereitet Interpretationsschwierigkeiten – es sei denn, man unterscheidet deutlich zwischen der Auferstehung Jesu und einer Auferstehung der verstorbenen Menschen aus dem Grabe. Verschiedene Möglichkeiten sind vorstellbar: Die korinthischen Auferstehungsbestreiter könnten das griechische Denkmodell einer Unsterblichkeit der Seele gegenüber dem einer leiblichen Auferstehung bevorzugt haben. Sie könnten die Auferstehung als schon geschehen gedacht haben in ihrem Neugewordensein im österlichen Lebensgeist Christi, wie es vielleicht der seltsame Satz im nachpaulinischen 2 Tim 2,18 andeutet, in welchem zwei Prediger des „ungeistlichen losen Geschwätzes" bezichtigt werden, weil sie „sagen, die Auferstehung sei schon geschehen" (λέγοντες ἀνάστασιν ἤδη γεγονέναι, ‚legontes anastasin ēdē gegonenai'). In diesem Falle hätten sie gewissermaßen die

Auferstehung auf Seiten der Menschen vom Eschatologisch*-Apokalyptischen* fort und ins Präsentisch-Existentiale hinein gedeutet – eine Tendenz übrigens, die durchgehend auch dem Johannes-Evangelisten eigen ist. Ob sie derart dachten oder einen anderen Vorbehalt gegen die Annahme einer Wiederbelebung der Leichname Verstorbener hatten – es mag interessant sein, dies zu diskutieren, nicht nur, um jene korinthische Gruppe zu begreifen und zu verorten, sondern auch, um unsere eigenen Hoffnungen und Vorstellungen, die über den Tod hinausreichen, bewusst zu machen und abzuklären; aber wie die Antwort auch lauten würde, es bliebe der Eindruck, dass zwar die Auferstehung Jesu für diese korinthischen Christen einerseits Grundlage gewesen war, Christen zu werden (1 Kor 15,11: „so predigen wir und so seid ihr zum Glauben gekommen", inkohativer Aorist οὕτως κηρύσσομεν καὶ οὕτως ἐπιστεύσατε, ‚hūtōs kēryssomen kai hūtōs episteusate'; und: sie „stehen" darin, ἐν ᾧ καὶ ἑστήκατε, 'en hō kai hestēkate, 1 Kor 15,1), sie aber andererseits von einer Auferstehungserwartung für die verstorbenen Menschen noch überzeugt werden mussten. Eben diese Überzeugungsarbeit versucht Paulus zu leisten mit seiner intensiven Argumentation ab 1 Kor 15,12.

Freilich gab es für die christliche Hoffnung auf die Auferstehung der verstorbenen Menschen einen jungen Vorläufer im Judentum: seit etwa anderthalb Jahrhunderten hatte sich dort, zusammen mit der apokalyptischen* Vorstellung eines baldigen Weltendes und eines allgemeinen Gerichtes, auch die Erwartung auf eine Auferstehung, vor allem der Gerechten, verbreitet. Allgemein durchgesetzt hatten sich diese Vorstellungen aber noch nicht. Die Pharisäer* lehrten sie, die Sadduzäer*, der Priesteradel, lehnten sie ab. Nicht ohne einen Beigeschmack von Situationskomik liest sich die Schilderung des Lukas, wie Paulus, der ehemalige Pharisäer, vor den Hohen Rat geladen, in dem die Sadduzäer eine meinungsdominierende Gruppe darstellen, mit dem Stichwort „Auferstehung" sein eigenes Verhör zum Platzen bringt (Apg 23,6). Doch ist es wahrscheinlich, dass die zu Christen gewordenen Pharisäer ihre jüdische Auferstehungshoffnung durch das bestätigt fanden, was die Urchristenheit Auferstehung Jesu nannte, und sich die Vorstellung des einen und die Erfahrung des anderen gegenseitig befruchteten und annäherten. Wiederum wird ersichtlich: Erst am Ende dieses Annäherungsprozesses, der auch ein Nivellierungsprozess ist, entsteht der in den Schlusskapiteln der Evangelien dargebotene Eindruck, dass Jesus kaum anders aufersteht, als eben, wie man meinte, ein toter Mensch aufersteht.

Wie sehr dies eine Nivellierung ist, wird deutlich, wenn man sich vergegenwärtigt, dass die Auferstehung Jesu, also die überwältigende Erfahrung seiner durch den Tod nicht gebrochenen, nicht beendeten, sondern gesteigerten Kraft und Wirksamkeit, von Anfang an nur zusammen gedacht werden konnte mit seiner *Erhöhung* zu Gott. Wiederum sind es die Schlussgeschichten der Evangelien, die diesen Aspekt verdecken, weil dort der auferstandene Jesus, dem irdischen ähnlich, auf dem galiläischen Erdboden erscheint – nur etwas körperloser und spontaner auftauchend und verschwindend. In der Zeit *vor* diesen Erzählungen aber war die *Auferstehung* Jesu mit seiner *Erhöhung* bis zur Identität beider Begriffe verbunden – und das heißt: es bestand kein Unterschied, keine Trennmöglichkeit zwischen „Ostern" und „Himmelfahrt", weder zeitlich, noch sachlich. Erst der Evangelist Lukas trennt beides durch die klassische biblische 40-Tages-Frist und ordnet die mittlerweile angewachsene Überlieferung, indem er den Auferstandenen noch 40 Tage auf Erden wandeln und dann Abschied nehmen und zum Himmel fahren lässt.

Ursprünglich war aber der Auferstandene nie anders gedacht als ein zum „Himmel", d.h. zu „Gott" Erhobener, Gott gleich Gewordener. In der Aussage „Auferstehung" liegt von Anfang an die Apotheose. Die Menschen, die in der „Erscheinung" des Auferstandenen diesen als „Herrn" ihres Lebens empfanden und annahmen, unterschieden ihn nicht mehr von Gott. Sie nannten ihn jetzt κύριος (‚kyrios'), „Herr" – mit diesem Ersatzbegriff wurde aber der hebräische heilige Gottesname יהוה (‚Jahwe'), den man nicht ausspricht, umschrieben (vgl. oben zu „... unsern Herrn"). An vielen Paulus-Stellen kann man nicht eindeutig unterscheiden, ob mit „Herr" der ‚alte' Gott gemeint ist oder der ‚neue', der Auferstandene, Christus. Beide verschmelzen – und genau dies brach rasch die Brücke zum streng monotheistisch bleibenden Judentum ab, wie es später die Entwicklung des christologischen und trinitarischen Dogmas provozierte. Die ursprüngliche Auferstehungsbotschaft besagte nie, dass Jesus sozusagen ‚nur' wieder lebendig geworden sei, sondern immer auch und gerade, dass er jetzt lebt wie Gott, nicht unterscheidbar von Gott, in Gottes Welt, in Gottes Lebendigkeit hineingeholt, zu Gott erhöht worden ist – und eben darum hat er in seinen „Erscheinungen" die nur mit Gottesbegegnungen vergleichbare Wirkung und darum werden seine Erscheinungen auch mit dem selben Begriff benannt wie die alttestamentlichen Theophanien.

In den synoptischen Evangelien findet sich davon wenig oder aber es springt nicht ins Auge. Doch die älteren Schriften sind voll davon. In einem vorpaulinischen Hymnus, zitiert und überliefert in Phil 2,9, singt die erste Christenheit „... Gott hat ihn erhöht und ihm den Namen gegeben, der über allen Namen ist", den Gottes-"Namen", und vor diesem seinem Namen sollen sich alle Knie beugen (Vers 10) und alle Zungen bekennen, „dass Jesus Christus der HERR sei" (Vers 11) – Gott gleich (s. oben zu „unsern Herrn").

In den ersten Zeilen des Römerbriefs, im Präskript, sagt Paulus, Jesus sei „Sohn Davids" nach dem Fleisch, also nach seiner menschlichen Abstammung, aber „Sohn Gottes" nicht etwa von Geburt an, wie es die ebenfalls späteren Geburts- und Weihnachtsgeschichten des Matthäus und Lukas dann ausmalen, sondern *„durch die Auferstehung von den Toten"*. Hier zeigt sich eine Christologie*, die älter ist als die der Evangelisten: Jesus starb gewissermaßen noch als Mensch, aber auferstanden ist er als „Sohn Gottes", d.h. Gott hat ihn aus dem Tod in sein göttliches Leben geholt und dadurch zu seinem *Sohn* gemacht, erhöht (vgl. oben zu „... Gottes eingeborenen Sohn"). Eben hier zeigt sich der Unterschied, der die Argumentation des Paulus in 1 Kor 15,12ff griffig erscheinen lässt: Jesus ist durch die Auferstehung wie Gott geworden, von ihm gehen nun Wirkungen aus wie von Gott, und das ist Grundlage des Christenglaubens – aber eine andere Frage ist, was mit unseren menschlichen Verstorbenen geschehen wird. Und nur vom Ersteren gilt: Wären diese lebendigen und zu Neuem belebenden Geist-Wirkungen nicht vorhanden, dann wäre der Glaube der jungen Christen wirklich „nichtig", gegenstandslos, leer, κενή (‚kenē'). Leer und nichtig ist keineswegs der Glaube dessen, der die Grabesgeschichten der Evangelien nicht wörtlich versteht.

Kehrt man die Blickrichtung der grundlegenden Aussagen zur Auferstehung Jesu um, versucht man also nicht, gleichsam von oben nach unten theologisch auszudrücken, was Gott „getan" habe, sondern von unten nach oben, was die Menschen dachten und glaubten, dann heißt das: Mit dem Bekennen der Auferstehung Jesu entschieden sich die ersten Christen grundlegend dazu um, Jesus nicht mehr als tot zu betrachten, sondern als lebendig, nicht mehr als gescheitert, sondern als sieghaft, seiner Predigt von Gottes Herrschaft und der Liebe zum

Nächsten trotz der Macht seiner Feinde und der extremen Lieblosigkeit seiner Ermordung als alleiniger Richtschnur zu folgen, seiner größten denkbaren Erniedrigung, nämlich der standrechtlichen Kreuzigung des als Messias Verehrten durch verabscheuungswürdige Heiden seine größte denkbare Erhöhung entgegenzusetzen, entgegenzuglauben, entgegenzubekennen, dass er nämlich Gott, Gott gleich, geworden sei. Einerseits ist dies eine Entscheidung menschlichen Geistes, menschlichen Glaubens gewesen. Andererseits bekennen diejenigen, die sich derart um-entschieden haben, dass dies nicht aus eigener Kraft oder eigenem Kalkül geschah, sondern sie sprechen von einem Widerfahrnis, von einem Handeln Gottes an ihnen, davon, dass Gott „seinen Sohn an mir offenbarte" oder eben, dass er ihnen „erschien". Auferstehung bedeutet auch dies: die von Gott geschenkte Um-Entscheidung der Menschen zum neuen erweiterten Glauben an Jesus als den Erhöhten.

An der Erhöhungsvorstellung zeigt sich noch einmal die Wichtigkeit der Betrachtungsrichtung „von unten nach oben": Es geht nicht primär darum, dass die Urchristen hätten beschreiben wollen oder können, was genau Jesus jetzt im Unterschied zu vorher sei, denn wenn man ihn mit Gott zusammendenkt, rückt seine Existenzweise hinein in Gottes Unbeschreibbarkeit, sondern es geht darum, zu verstehen, wie sich die Gottesvorstellung, das Gottesbild, das Lebensgefühl des religiösen Menschen fundamental änderte: wenn nun Jesus Gott gleich geworden ist, dann ist Gott kein Unbekannter mehr für den urchristlichen Menschen. Auf dem Thron Gottes oder, in den alten Bildern gesprochen, auf einem zweiten nebenan, „zur Rechten", sitzt jetzt Jesus, der bis vor kurzem noch mein Freund und Bruder gewesen war. Gott hat auf einmal ein Gesicht. Gott wird auf einmal anschaulich und erhält die Züge Jesu. Wo ich bisher nicht sicher sein konnte, ob Gott sich für mich interessiert und mir gar gnädig gestimmt ist, zweifle ich nun nicht mehr, denn von Jesus weiß ich, dass er mein Freund war. Wo ich bisher den Zorn oder die Strafe Gottes fürchtete, erwarte ich nun nichts als Verständnis und Vergebung „von Allerhöchster Stelle" – denn dort sitzt nun Jesus. Es ist wichtig zu sehen, dass dieser Wandel des religiösen Selbstverständnisses hin zum grundsätzlichen Angenommensein ohne alle Sühnopfer- und Satisfaktionsvorstellungen* auskam und wirkte, allein durch die Verschmelzung des alten Gottesbildes mit dem „Gesicht" Jesu.

Himmelfahrt und Auferstehung waren ursprünglich eines. Eine ungeheuere Öffnung der Religion lag darin, dass man nun den ‚alten' Gott haben konnte zugleich mit dem geliebten und verehrten Jesus, dass sich nun wie selbstverständlich ergab, dass alle Worte und Lehren Jesu jetzt die Gedanken und Maximen Gottes selbst seien, denn die ‚beiden' Weltregenten würden doch nicht unterschiedlich denken und handeln, dass also jetzt, mit der Erhöhung Jesu, tatsächlich etwa nach der Bergpredigt die Welt regiert würde, oder Gott sich die von Jesus praktizierte Überspringung von Ritus und Gesetz zu eigen machte. Ein ungeheurer religiöser Erneuerungsschub lag in dieser Vorstellung von der Auferstehungserhöhung Jesu zu Gott, und auch daraus bezog der urchristliche Auferstehungsglaube seine Kraft und Attraktivität. Man könnte auch sagen: Was Jesus zu irdischen Lebzeiten lehrte und als Ziele vorgab, wurde nun, nach vermeintlichem Scheitern, ‚posthum' per Erhöhung nicht nur wieder in Kraft gesetzt, sondern noch intensiviert, weil zur Göttlichkeit und Weltgeltung erhoben. Wenn Jesus nun an Gottes Seite, ja an seiner Statt regiert, dann fordert Gott, d.h. Er nach allem, was er zu irdischen Lebzeiten kundtat, nun nicht mehr vom frommen Menschen unter Lohnverheißung und Strafandrohung Gesetzesgehorsam, sondern unterstützt und fördert mit Güte und Gnade Menschenliebe und Glauben an diese neuen Sachverhalte; und dem Aufstieg eines galiläischen Propheten zum Weltenherrscher entspricht die Weitung einer lokalen Wanderpredigerschaft zur Weltmission – Paulus hat es sehr richtig erkannt und formuliert, dass alle diese Grundzüge seines gesetzesfreien universalen Evangeliums bereits in der ihm widerfahrenen Erscheinung enthalten waren (Gal 1,12). Auf *diesem* Hintergrund ist der Kernsatz des Paulus zu verstehen „Ist Christus nicht auferstanden, so ist euer Glaube hinfällig" (1 Kor 15,17), nicht auf dem Vorstellungshintergrund eines aus dem Grab wieder hervorgehenden Leichnams wie in den Grabesgeschichten der Evangelien, die dem Paulus noch nicht vorlagen.

Das erste Zwischenergebnis ist nun zum zweiten zu ergänzen: Auferstehung Jesu bedeutete für die ersten Christen, dass der kürzlich gekreuzigte Jesus nun ihr Gott und Herr ist, sich unerwartet kraftvoll und hilfreich als der Bestimmende über ihren Lebensweg und ihre Lebensanschauung erweist, mit seinem Aufstieg in die Göttlichkeit für alle, die ihn aus Erdentagen kannten oder von ihm gehört hatten, zu einem nie zuvor oder hernach dagewesenen nahbaren, bekannten und freundlichen Gott geworden ist, für seine zunächst von vielen abgelehnten Lehren höchste Weltgeltung gewonnen hat und in der neuen „Doppelspitze" zusammen mit dem ‚alten' Gott der Juden nun, alle bisherigen Grenzen niederreißend, eine neue Gemeinde aus Heiden und Juden sammelt.

Der Glaube an die Auferstehung Jesu war ein Bewusstseinsschub, wie er in der Religions- und Geistesgeschichte der Menschheit nicht oft vorkommt.

Nun wäre die interessante Frage zu stellen, wie dieser Bewusstseinsschub sich erstmals zeigte und um sich griff, ob sich seine frühen Stadien und Stufen noch beschreiben lassen. Diese Frage erinnert freilich an den zu Beginn der Auferstehungsüberlegungen gezogenen Vergleich mit dem „Urknall". Die neutestamentliche Theologie ist hier, wie die Kosmologie, meines Erachtens in der Lage, zwar nicht den Urknall selbst zu definieren und historisch einzuordnen, aber Zustände und Vorgänge *kurze Zeit nach ihm* zu beschreiben. Wenn wir hierzu das Neue Testament befragen, stoßen wir auf die Pfingsterzählung und kommen zu dem Ergebnis, dass die untrennbare Zweiheit von Ostern und Himmelfahrt erweitert werden muss zur synergetischen Dreiheit von Ostern, Himmelfahrt und Pfingsten.

Die bekannte Pfingsterzählung im 2. Kapitel der Apostelgeschichte ist von Lukas ansprechend und dramatisch gestaltet, befriedigt aber an zwei Punkten nicht recht: Zum einen wird die Vorstellung befördert, als habe sich der Heilige Geist, der Geist Gottes, von dem doch schon das Alte Testament voll ist, zum ersten Mal an Pfingsten bemerkbar gemacht, und zum anderen wird die eigentliche Leistung des Geistes an Pfingsten als Sprachen-Wunder beschrieben: Fremde aller Zungen vernehmen die Predigt der Jesusjünger in ihrer Muttersprache – ein Dolmetschermirakel.

Die Vermutung liegt nahe, dass auch diese Überlieferung im Laufe der Jahrzehnte zwischen Ereignis und Niederschrift zu einer Wundergeschichte mit deutlich verschobenen Akzenten angewachsen ist. Kann man in der Erzählung und hinter dem Erzählten noch zuverlässige historische Fakten erkennen?

Anzusetzen ist bei dem simplen Umstand, dass die Jünger Jesu sich wieder in Jerusalem aufhalten. Dies ist keineswegs selbstverständlich. Nur der Evangelist Lukas setzt voraus (Apg 1,4), dass die Jünger – mit Ausnahme des Judas natürlich, der sich selbst das Leben genommen hatte, aber inklusive des nachgewählten Matthias (Apg 1,15ff) – zwischen Karfreitag und Pfingsten Jerusalem nicht verlassen hatten. Dies ist unwahrscheinlich bis unglaubwürdig, denn Jerusalem war für die Jünger nach der Kreuzigung Jesu der gefährlichste denkbare Ort, und die Osterüberlieferung der Evangelien, so ins Wunderhafte gewachsen, wie sie auch sein mag, ist sich doch in verschiedenen Überlieferungsstücken darin einig, dass die Jünger sich wieder in Galiläa aufhalten und dort, am See Genezareth zumal, Erscheinungen des Auferstandenen haben. Dass die Jünger nach Jesu Tod zurück nach Galiläa flohen, ist wahrscheinlich und plausibel. Wie verdient ein ehemaliger Fischer nach dem Tod seines Meisters in der Bergstadt Jerusalem seinen Lebensunterhalt? In Galiläa hatten sie noch ihre Familien, Beziehungen, Freunde, womöglich noch die ihnen einstmals gehörenden Boote (vgl. Mk 1,16ff parr). Manche Erscheinungsgeschichten setzen voraus, dass sie dem Fischereihandwerk wieder nachgingen. In Galiläa waren die Jünger nicht nur sicherer vor Nachstellungen der Priester, die den Tod Jesu betrieben hatten, sondern auch der Römer, die Jesus gekreuzigt hatten, denn Galiläa war nicht römisch besetzt. Was veranlasste die Jünger, ein zweites Mal nach Jerusalem hinaufzusteigen?

Die zweite Reise nach Jerusalem, diesmal ohne den Meister, weniger als sieben Wochen nach seiner Kreuzigung, war ein Wagnis. Wenn die Jünger vorhatten, was die Pfingsterzählung schildert – und aus welchem anderen Grund hätten sie hinaufziehen sollen –, in Jerusalem erneut für Jesus zu werben, ihn als Lebendigen zu verkünden, seine Kreuzigung als Unrecht und Fehlurteil anzuprangern, so mussten sie mit massivem Widerstand, ja mit persönlicher Lebensgefahr sowohl seitens der Priester und des Hohen Rates als auch der Römer rechnen, denn beide konnten es nicht dulden, dass die Bewegung des verurteilten Irrlehrers nach Meinung der einen und Aufrührers nach Befürchtung der anderen sich fortsetzt und um sich greift und ihr wenige Wochen altes Urteil als Fehlurteil gebrandmarkt wird.

Warum nehmen die Jünger dieses Risiko auf sich? Die Antwort kann nur sein: weil sie Jesus als den Lebendigen verkünden wollen und, nachdem sie zum Osterglauben gefunden haben, auch gar nicht anders können. Sie schulden der Stadt dieses Zeugnis.

Nur – warum verkünden sie nicht anfangs in Galiläa? Hier stoßen wir auf eine bemerkenswerte Parallelität der Reise der Jünger nach Jerusalem zu Pfingsten und der Wanderschaft Jesu nach Jerusalem zu Passah, die mit seiner Kreuzigung endet.

Auch Jesus wusste, dass in Jerusalem Gefahren höherer Art auf ihn warteten als in den Dörfern am See. Das ist der historische Kern der Leidensankündigungen (Mk 8,31 parr u.ö.). Und dennoch musste er die Stadt und die in ihr lebenden obersten Repräsentanten des Volkes und seiner Religion herausfordern. In einer Zeit ohne Telekommunikation und Massenkommunikationsmittel konnte man Israel nicht von einem Dorf am See aus „reformieren" – man musste sich schon persönlich in die Hauptstadt begeben und dort möglichst erfolgreich auftreten.

Genau dies hatte Jesus vor. Er wählte den Zeitpunkt der Reise so, dass er zum Passahfest in der Stadt sein würde, zum größten Wallfahrtsfest des Judentums, an dem er neben den Einwohnern der Hauptstadt auch von mehreren tausend Pilgern gehört würde, wenn er am Tempel, auf den Tempelvorhöfen, zu den Menschen spräche. Wie sehr er es verstand, Massen an sich zu ziehen und zu überzeugen, hatte er bewiesen. Die Priester fürchteten einen solchen Auftritt und suchten ihn zu verhindern. Es gelang durch Verrat. Hätte Jesus einen Tag länger gelebt – der Gedanke klingt seltsam, aber ist interessant –, er hätte wahrscheinlich am Tempel seinen großen erfolgreichen Auftritt gehabt, die Priester entmachtet, den blutigen Tempelopferkult beendet, die Gesetzesfixierung der Religion durchbrochen und eine „Reformation" des Judentums in die Wege geleitet (vgl. oben zu „Pontius Pilatus").

Dazu kam es nicht. Stattdessen starb er am ersten Tag des Wallfahrtsfestes am Kreuz.

Doch nun, sieben Wochen später, unternehmen seine Jünger eine Art Doublette der Aktion. Wieder ziehen sie nach Jerusalem. Wieder wählen sie als Termin ein Wallfahrtsfest. Bereits im Jüdischen Festkalender war die Sieben-Wochen-Frist, die im Christentum zwischen Ostern und Pfingsten liegt, vorgegeben. Sieben Wochen nach Passah, פֶּסַח, ‚Päsach', lag Schabuᶜot, שָׁבֻעוֹת, das „Siebener-Fest" (von שֶׁבַע, ‚schäba', ‚sieben'), das Fest der Weizenernte. Zählt man die Tage, kommt man am Tag nach dem siebten Sabbat (Lev 23,15) auf den 50. Tag, griechisch (ἡ) πεντηκοστή (ἡμέρα), ‚(hē) pentēkostē (hēmera)', (der) fünfzigste (Tag); daher hieß das Fest bei den griechisch sprechenden Juden Πεντεκοστή, ‚Pentēkostē' (der, eigentlich „die" „Fünfzigste" – der „Tag" ist weiblich) und von daher kommt unser Wort „Pfingsten".

Diesmal scheinen die jesusfeindlichen Obrigkeiten unvorbereitet und überrascht zu sein. Es gelingt den Jüngern, am Tempelplatz aufzutreten und zum Volk zu sprechen. Sie vollziehen damit das, was Jesus hätte tun wollen. Dennoch wäre eine Verhaftung der Wortführer unausweichlich gewesen, wenn nicht – und nun können wir der Pfingstgeschichte durchaus wieder folgen – der Geist „eingegriffen" hätte: Die Predigt der Jünger bewegt die Menge, es fährt durch die Massen wie „Feuer" und „Sturm", sie bleiben nicht kritisch distanziert, sondern solidarisieren sich mit den Jüngern und ergreifen für Jesus Partei, Angehörige verschiedener Völker und Zungen einen sich in dem, was man kurz darauf Glauben an Jesus nennen wird und was im Moment der Entstehung wie eine nachträgliche Nachfolge oder ein nachträgliches Bekenntnis erscheint – und die große einmütige, wohl gar ekstatische Menge ist es, welche die Jünger vor Verhaftung und Verfolgung schützt: mehrere tausend kann man nicht festnehmen. Was Jesus für Passah plante, hat sich an Pfingsten verwirklicht. Doch wer es erlebte und mitbewirkte, sagte: es war der Geist Gottes, der den Ausschlag gab.

Übrigens ist es glaubhaft, dass Petrus bei diesem entscheidenden Auftritt der Wortführer, wenn nicht gar der Planende, war. Dies würde erklären, warum ihm, dem Simon, der Ehrenname „Petrus", „Fels" der Kirche, „Felsenmann" zukam; eine vorösterliche Verleihung dieses Beinamens durch den irdischen Jesus nach Mt 16,18 ist weit weniger wahrscheinlich. Es würde auch das Rätsel beantworten, wieso Paulus in der Liste der Menschen, denen der Auferstandene erschien, an *erster* Stelle den Petrus (Kephas, „Fels" auf aramäisch) nennt (1 Kor 15,5) oder in nahezu liturgisch klingenden Oster-Formeln wie Lk 24,34 gesagt wird „Der Herr ist wahrhaftig auferstanden und dem Petrus (Simon) erschienen", eine *Erst*-Erscheinung vor Petrus aber nirgends *erzählt* wird: Die Pfingstgeschichte lässt noch erkennen, wie Petrus der erste war, der Jesus als Auferstandenen bekannte und damit die Gemeinde des auferstandenen Herrn begründete. (Als Nebengedanke mag noch angefügt werden, dass Petrus damit die Schwäche seiner Verleugnung wett machte.)

So zeigt sich, wie zu Ostern und Himmelfahrt auch noch Pfingsten gehört – und zwar untrennbar. Was im Erleben der Urchristenheit und in der Entstehung des Auferstehungsglaubens eine Einheit war, ist für uns in drei „Feste" auseinandergefallen, mit banalisierenden Folgen für ein jedes: Ostern wird zum Fest des leeren Grabes, Himmelfahrt zum Fest einer separaten Auffahrt, Pfingsten zum Fest eines vermeintlich neu erfundenen und trotz spannender Erzählung recht unanschaulichen Geistes. Ursprünglich aber konnte das eine nicht ohne das zweite und dritte gedacht werden und umgekehrt: Ohne Erhöhung in die Seinsweise Gottes hätte Jesus keine neue Lebendigkeit, ohne seine Gottgleichheit hätte er nicht die Pfingstwirkung, ohne den Glauben der Menschen an Pfingsten wäre er für sie kein Auferstandener – man kann jeden der drei Aspekte auf die anderen beiden beziehen und erhält immer erst dann ein mehrdimensionales Ganzes, das durch eindimensionale Aussagen nur verkürzt wird. Es erscheint auch verständlich, wie durch die ab der „Auferstehung" von Anfang an geltende Dreiheit von *Jesus*, der zu *Gott* erhöht wird und der als *Geist*-Kraft wirkt, die spätere Trinitätslehre vorgeformt wird.

Abermals zeigt sich, wie die Entstehung des Glaubens an den Auferstandenen mit der geistmächtigen Präsenz, die von Jesus ausging, zu tun hat, und nicht verursacht wurde von einem Leerfinden seines Grabes. Es grenzt ans Absurde, sich vorzustellen, Petrus hätte in seiner Pfingstpredigt die Menschen zum nahen und noch frischen Begräbnisort Jesu hingeschickt und aufgefordert, nachzuschauen – oder Paulus hätte bei seinem Ostererlebnis vor Damaskus eine Entscheidungsfrist erbeten, um das Grab Jesu in Jerusalem zu inspizieren. Die Grabesgeschichten werden erst Jahrzehnte später denen erzählt, die den unmittelbaren Schwung des Pfingstgeistes, welcher zugleich ein Ostergeist ist, nicht erfahren hatten. Und der Erste, der die (vermutlich schon zuvor als Wundergeschichte entstandene) Erzählung vom leeren Grab niederschreibt, Markus, tut dies sehr spät, ums Jahr 69, und sehr weit entfernt, wohl in Italien, vielleicht in Rom, von wo man nicht hingehen und im Grab Jesu nachsehen kann. Der unerbauliche Schluss des „sie sagten niemandem etwas, denn sie fürchteten sich" (Mk 16,8), mit dem der Evangelist die wunderhafte Entdeckung geradezu abwürgt, entspricht auch voll und ganz der Weise, mit der Markus sein ganzes Evangelium hindurch Wundergeschichten dämpft und neutralisiert: Er erzählt jene, wohl aus einer Sammlung umlaufender bekannter Wundergeschichten schöpfend, aber er „deckelt" sie durch stereotypes Schweigegebot Jesu. Er kann die Erfindung und Ausweitung dieser Geschichten nicht mehr rückgängig machen, und so setzt er sie als Impulse der Spannung für noch auf ungeistige Weise an Jesus Interessierte ein, fügt aber permanent hinzu, dass sich hieraus der Glaube an Jesus nicht entwickeln lasse. Eine interessante Nebenspur kann noch bedacht werden: Mit einem Kunstgriff entzieht sich Markus der unausweichlichen Frage aufmerksamer Leser, warum man denn seit Jahrzehnten von der Auferstehung

Jesu hört, aber von diesem eminent wichtigen Detail eines leeren Grabes erst jetzt erfährt. Seine Antwort, natürlich nicht direkt gegeben, sondern in der Erzählung versteckt: Erstens sagten die Frauen es nicht weiter, und zweitens waren es eben *Frauen*, welche die Entdeckung machten, und deren Zeugnis galt nichts nach jüdischem Recht.
Nochmals wird deutlich, wie sehr der Glaube an die Auferstehung Jesu zu unterscheiden ist von der Erwartung einer Auferstehung der verstorbenen Menschen. Die Auferstehung Jesu ist allgemeine Grundlage des urchristlichen Glaubens, die Auferstehung der Verstorbenen konnte unterschiedlich gesehen werden (1 Kor 15,1ff und 12ff). Erst die späteren Geschichten vom leeren Grab in den Schlusskapiteln der Evangelien verführen dazu, beides nicht hinreichend zu unterscheiden. Der Unterschied aber ist: der getötete Jesus wurde in seiner Auferweckung von Gott in Gottes eigenes göttliches Leben aufgenommen, erhöht, zu Gottes Sohn erhoben (Röm 1,4), zum HERRn gemacht (Phil 2,10f); und sein lebendiger Geist lebt in der Gemeinde und belebt sie als seinen Leib (1 Kor 12,12), wie er auch in dem einzelnen Glaubenden lebt und wirkt (Gal 2,20). Dies alles kann man von einem auferstandenen verstorbenen Menschen nicht sagen und erwarten – unabhängig davon, dass dessen Auferweckung erst in der Zukunft erwartet wurde. Es ist erst die Argumentation des Paulus, der in 1 Kor 15,12ff vom einen auf das andere schließt, und es sind die spät gebildeten Erzählungen der Evangelienschlusskapitel, die das eine lediglich als zeitlichen Vorläufer des anderen erscheinen lassen. Der Auferstehungsglaube der Urchristenheit dachte nicht vom leeren Grab her, sondern von der erlebten lebendigen Geist-Kraft des auferstandenen Christus.
Diese neuartige Lebenskraft des Auferstehungsglaubens erfuhren die nach Jesu Kreuzigung aus Jerusalem geflohenen Jünger vermutlich in Galiläa; folgerichtig kehrten sie zum Pfingstfest nach Jerusalem zurück, um von ihrem neuen Glauben Zeugnis zu geben – auch dies lässt jene unmittelbar nach der Kreuzigung noch in Jerusalem spielenden Erscheinungserzählungen der Evangelien, von denen sogleich unwiderlegbare Überzeugungskraft ausgeht (in letzter Steigerung Joh 20,19ff. 26ff) als späte zusammenfassende nachträgliche Bildungen erscheinen.
Kehren wir nochmals die Blickrichtung um und betrachten die Ergebnisse nicht, wie es die biblischen Schriften tun, von oben nach unten, indem sie formulieren, was an Jesus geschah und wie dies auf die Menschen wirkte, sondern von unten nach oben, indem wir fragen, was die

auf neue Weise glaubenden Menschen empfanden, und wie sie in dessen Folge über Jesus denken mussten. Nach Jesu Kreuzigung, erfolgreich betrieben durch gesetzesstrenge und am Alten festhaltende „Heuchler", wie Jesus selbst sie nannte (Mt 23), schien die Tür zur Freiheit, zur Reform, zu einer neuen Echtheit in der Religion verschlossen. Der Lehrer, der die Menschenliebe über den Gesetzesgehorsam gestellt hatte, war tot. Der unmittelbare Zugang zu Gott, den Jesus gerade den „Kleinen Leuten" aufgetan hatte, war wieder zu einem mittelbaren geworden, an den „Mittlern", den Priestern, führte abermals kein Weg vorbei. Kult und Gesetzlichkeit hatten ihre alte Zusammenarbeit – schließlich sind alle Kultvorschriften Teil des „Gesetzes" – siegreich verteidigt. Gott, den Jesus als liebevollen nahekommenden Vater aller Menschen gelehrt hatte, erschien wieder als hinter den Vorhang des Kultus und der täglichen Gesetzesvorschriften zurückgezogener Opferblutempfänger und Gehorsamseinkläger. Als Gott wohlgefälliger Mensch galt wieder der starr Gehorsame, nicht der kreativ Liebevolle, der sich im Interesse lebendiger Menschlichkeit über religiöse Verbote hinwegsetzt. Die von Jesus aufgehobene Trennung von rein und unrein, von heilig und profan, von sündhaft und gerecht galt von neuem. Es war ein Rückfall um Jahrhunderte. Dem gegenüber hielten Menschen auch nach und gerade trotz seiner Kreuzigung an Jesu Reform-Zielen fest, die ja nicht nur Sach-Ziele waren, sondern auch Lebensstil, Freiheitsempfinden, Wertgefühl, eigene Mündigkeit, neues Gottesbild, neue Ethik, kurzum eine neue ganzheitliche Weltanschauung umfassten. Für die Menschen, die immer noch oder gerade erst recht oder dem mutigen Vorbild anderer folgend *wieder* so lebten, war Jesus nicht tot, sondern lebendig. Auch und gerade dies ist Auferstehung. Unser heutiges Denken ist vielleicht zu materiell und naturwissenschaftlich geprägt, als dass wir dem Weiterleben des Geistigen das gleiche Gewicht zubilligen könnten wie dem Weiterleben des Körpers. Und doch hat das Weiterwirken des Geistigen, das Jesus wirkte, die weitaus größere Bedeutung als der Verbleib seines Körpers. Wer das nicht begreift, sucht den Wert des Christentums an der falschen Stelle. Wenn Jesus in der Sichtweise von oben nach unten zu Gott erklärt wurde, dann heißt dies in der Sicht von unten nach oben, dass sein neues Modell von Religion den Zugang zu Gott erschließt und nicht das alte Konzept des Kultus und des Gesetzes. Es war rettend und heilend und lebensspendend, sich für ihn und sein Konzept zu entscheiden. Es war befreiend und ermutigend, freilich auch mutig, zu sagen, Gott steht auf seiner Seite, auf der Seite des frisch Gekreuzigten. Von dorther ist es selbst für unser neuzeitliches Denken nur ein kleiner Schritt bis zu der Aussage, Gott habe ihn auch als Person zu sich genommen, dorthin, wo er von der Sache her schon immer stand: im Leben. Um wie viel mehr war dieser Schritt klein für das antike mythologisch geprägte Denken, das weniger an abstrakte präzise Konzepte gewohnt war, sondern an symbolische Erzählungen mit Tiefenwirkung.

Als im Nachkriegsdeutschland die Theologie Rudolf Bultmanns über die theologischen Fachkreise hinaus die Menschen bewegte, fassten seine Kritiker sein Verständnis der Auferstehung Jesu, dieses bekämpfend, so zusammen, dass Jesus gewissermaßen ins Kerygma, in die urchristliche Verkündigung hinein, auferstanden sei und nicht als Person. Bultmann konterte sehr fein: er akzeptiere diese Zusammenfassung, wenn seine Kritiker meinten, dass Jesus voll und ganz in der Verkündigung lebendig gegenwärtig sei. Wiederum rühren wir hier an das Problem, dass man wohl die Wirkungen des „Urknalls", nicht aber diesen selbst beschreiben kann.

Wer die Auferstehung Jesu auf ein körperliches Geschehen konzentriert oder beschränkt, verfehlt auch das Selbstverständnis der urchristlichen Gemeinde, wie es in der bildhaften Rede des Paulus sich ausdrückt, die Gemeinde sei der „Leib Christi" (1 Kor 12,12ff). Wenn der Auferstandene nicht leibhaft, sondern geistig gegenwärtig gedacht wird, ist es mühelos begreiflich, wie sich die Gemeinde als „sein Leib" verstehen konnte: er handelt jetzt durch sie, und sie handeln und leben anders als zuvor, weil nun er in ihnen wirkt, so wie der Geist den Körper lenkt und belebt. Wenn aber die Gemeinde der „Leib" Christi ist, in der er sich verkörpert, und wenn Jesus nun gottgleich ist, dann haben jetzt seine Anhänger, die nachösterlichen Jünger, Gott auf ihrer Seite, in ihrer Mitte, ja in sich – und die herkömmlichen institutionellen ‚Vertreter' Gottes, die Priester und Lehrer, eben nicht. Mit dem Bekenntnis zu Jesus als dem Auferstandenen-Erhöhten-Geistgegenwärtigen schlagen die Freunde Jesu den ‚alten' Vertretern Gottes, die Jesus abgelehnt und verurteilt hatten, diese Vertreterschaft aus der Hand und reklamieren den Zugang zu Gott, die Gegenwart Gottes, für sich selbst, weil Christus in ihnen lebt. Ein altes Anliegen Jesu, die Menschen „gottunmittelbar" zu machen, den „Armen", den ‚Kleinen Leuten' das Evangelium zu bringen, ohne Priester und Gesetzeslehrer, erfüllt sich.

Wir kehren zu einem schon geäußerten Gedanken zurück: die Bedeutung der Auferstehung Jesu wird von den Geschichten der Schlusskapitel der Evangelien her höchst unzureichend vermittelt. Allein auf sie ist der Osterglaube nicht zu gründen. Daraus folgt für die nicht immer geschwisterlich geführte Diskussion um auferstehungsmäßige Rechtgläubigkeit: Wer sagt, er glaube zwar nicht, dass der Leichnam Jesu das Grab wieder verlassen habe, aber so lebt, wie es Jesus lehrte, so lebendig, so frei, so liebevoll, so gottverbunden, der lebt auf der richtigen Seite, der Seite Jesu, der Seite der Auferstehung. Wer umgekehrt sagen würde, die Geschichten vom leeren Grab seien für ihn unabdingbar wörtlich zu nehmen, dabei aber gesetzlich denkt und lebt, die Religion als Pflichtenkanon vermittelt, die Priester zwischen Gott und Menschen schiebt, im Namen Gottes mit Straf- und Gerichtsandrohungen arbeitet, der würde nicht auf der Seite der Auferstehung leben, sondern stünde auf Seiten derer, die Jesus ermordeten.

Es ist deutlich, dass mit diesen Überlegungen mehr als nur eine Zeile des Glaubensbekenntnisses ausgelegt wurde, denn es hängen die Aussagen „auferstanden", „aufgefahren", „sitzend zur Rechten Gottes" bis hin zum „Geist" aus dem 3. Glaubensartikel in der beschriebenen Weise zusammen.

Nun aber sind einige Dinge nachzutragen:
Der „dritte Tag": „**am dritten Tage** auferstanden von den Toten", heißt es im Glaubensbekenntnis; und schon Paulus schreibt in 1 Kor 15,4, wohl eine Formel zitierend, die ihm bereits vorgegeben war: „... und dass er auferstanden ist *am dritten Tage gemäß den Schriften*". Das Problem ist nur: es lässt sich keine alttestamentliche Schriftstelle finden, die überzeugend von einer Auferstehung am dritten Tage spricht. Viele Erklärungen wurden versucht. Hier einige Beispiele: Am dritten Tage (das wäre unser Dienstag – die hebräischen Tage wurden gezählt, nicht benannt) wird in der Schöpfungsgeschichte (Gen 1) das Leben geschaffen. Der Prophet Jona (2,1) war drei Tage im Bauch des Fisches (so bereits Mt 12,40 – die ihm überlieferte Drei-Tages-Formel womöglich auch schon nachträglich zu deuten bemüht). In Hosea 6,1–2 heißt es in einem poetischen Gebet: „Kommt, wir wollen wieder zum Herrn; denn er hat uns zerrissen, er wird uns auch heilen; er hat uns geschlagen, er wird uns auch verbinden. Er macht uns lebendig nach zwei Tagen, er wird uns am dritten Tage aufrichten, dass wir vor ihm leben werden."

Wirklich überzeugend sind alle diese Stellen aber nicht. Auf ein überliefertes historisches Leerfinden des Grabes exakt am dritten Tage kann sich die Formel auch nicht beziehen, denn sie ist älter als die Grabesgeschichten, die eher umgekehrt auf sie hin formuliert worden sind. Zählt man präzise, sind es von Karfreitag abend auf Sonntag morgen anderthalb Tage; zählt man Anfang- und End-Tag mit, kommt man auf drei; dennoch wirkt die Drei-Tage-Formel nicht wie auf solch gerundeter Zählung, sondern wie auf etwas Eindeutigerem basierend – und, wie wir sahen, die älteste Christenheit dachte bei der Auferstehung nicht vom Grab her; die gespürte lebendige Präsenz des Auferstandenen hat aber kein einmaliges Datum. Am wahrscheinlichsten ist mir, dass die Drei-Tages-Frist pauschal, ohne Kenntnis einer Belegstelle, als schriftgegeben benannt wird und in Wahrheit aus den Worten Jesu, die man aber mittlerweile anders deutete, weil ihr ursprünglicher Sinn zu hart und für die Jerusalemer Urgemeinde zu gefährlich erschien, entwickelt wurde: Mk 14,58 par Mt wird Jesus im Verhör vor dem Hohen Rat vorgeworfen, er habe den von Händen gemachten Tempel abreißen und „in drei Tagen" einen neuen, nicht von Händen gemachten, errichten wollen. Die überliefernde Gemeinde tut diesen Anklagepunkt als Aussage falscher Zeugen ab. Aber er könnte historisch sein: Jesus wollte in der Tat den Tempelbetrieb grundlegend ändern, vom Opferkult weg, zu etwas Geistigem hin, und dies – so kann er durchaus etwa im Zusammenhang der „Tempelreinigung" gesagt haben – könne er in einer kurzen Frist von drei Tagen bewerkstelligen oder in drei Tagen, am bevorstehenden Passahfest, beginnen. Wenn dem so wäre, würde nun die glaubende Gemeinde, anstatt die Forderung nach einer Tempelreform aufrechtzuerhalten, nachösterlich sagen: er hat es geschafft, er hat es getan, nur anders, als es alle sich vorstellten, nach extrem kurzer Frist war der Schock seines Todes überwunden vom Widerfahrnis neuer österlicher Lebenskraft; nach bildlichen drei Tagen, von denen er sprach, war Neues ‚aufgebaut'.

(Nachtrag zu:) **„aufgefahren in den Himmel"** Bei allem, was über die Erhöhung Jesu zu Gott gesagt wurde, und das heißt ja, in den „Himmel" – „Himmel" war regelrecht eines der Ersatzworte für den nicht ausgesprochenen Gottesnamen –, muss bedacht werden, dass der antike Mensch nicht unser heutiges naturwissenschaftliches Weltbild von einer im All kreisenden Erde kannte, sondern die Erde als Scheibe dachte, als „Erdkreis", vom Meer umgeben, und über ihr das halbkugelförmige Himmelsgewölbe, eben den bzw. hebräisch „die" Himmel. Dieser Himmel ist der Ort Gottes. Die symbolische Vorstellung von einer „Erhöhung" verband sich damals ungleich leichter mit einer räumlichen; zwischen Metapher und konkreter Lokalisation bestand nicht der Unterschied wie in unserem heutigen Denken. Dass Jesus, wie oben dargelegt, aus dem Tod in den Lebensbereich Gottes gewechselt habe, konnte der Mensch des 1. Jahrhunderts durchaus als räumliche Auffahrt denken. Die volle Vorstellung von einer Himmelfahrt Jesu ist übrigens erst in der Apostelgeschichte des Lukas belegt (Apg 1,9ff), am Schluss des Evangeliums des gleichen Verfassers, des ersten Bandes des lukanischen Doppelwerkes, begegnet sie nicht: die Worte in Lk 24,51 „und fuhr auf gen Himmel" finden sich nicht in den zuverlässigsten alten griechischen Handschriften, sie sind offenkundig nach der Abfassung beider Schriften aus Apg 1 hierher nach Lk 24 ergänzend vorgetragen worden.

„er sitzt zur Rechten Gottes, des allmächtigen Vaters" Das „Sitzen zur Rechten" ist Teil der beschriebenen Erhöhungs-Vorstellung, aber zugleich Psalm-Zitat. In Ps 110,1 dichtet ein alttestamentlicher Sänger: „Es sprach der HErr zu meinem Herrn: «Setze dich zu meiner Rechten, bis ich deine Feinde zum Schemel deiner Füße lege.»" Dieser Psalmvers wird in den Evangelien (Mk 12,35ff parr) zitiert, dort im nachträglich formulierten Lehrgespräch Jesu mit seinen Jüngern; man kann vermuten, dass er im Urchristentum intensiv und gegenüber den Juden auch kontrovers diskutiert worden ist. Wie ist der Satz zu verstehen? Ein Psalm-Dichter sagt: der „HErr" – und das ist der Gottesname, also Gott – sprach zu meinem Herrn – und das ist die beschriebene, bedichtete Figur im Psalm 110 –, er solle sich zu seiner Rechten setzen: Gott erhebt also jemanden auf die Ebene seines Thrones, er „erhöht" ihn in die Himmel, denn dort thront Gott, und er hilft diesem Besungenen derart intensiv gegen alle Feinde, dass er sie ihm „zum Schemel seiner Füße legt". Altorientalische Herrscher pflegten den Fuß in den Nacken des sich vor ihnen Niederwerfenden zu setzen. Derart besiegt wird Gott dem zweitgenannten „Herrn" alle Feinde „vorlegen" – ein intensives Bild.
Der Psalm nimmt Anleihen an altorientalischen Königsliedern. In die-

ser Art besangen in den Alten Reichen Hofpoeten und -propheten den Großkönig. Im biblischen Israel ist nun aber mit dem zweitgenannten „Herrn" entweder, zu alter Zeit, tatsächlich der eigene König gemeint, dem Gott, der erstgenannte „HErr", den absoluten Sieg schenken wird, oder aber, in späterer Zeit, ein erwarteter priesterlicher (Vers 4b) König – im Grunde der Messias. Die Vorstellung von einem thronenden Gott hat Israel aus dem Alten Orient übernommen, denn der Gott der Erzväter Abraham, Isaak, Jakob war zunächst ein Gott von und für Nomadenstämme, und als solcher zieht er begleitend mit, ist mobil und thront nicht. Aber das archetypische Bild wird dennoch bald auf den Gott Israels angewendet und in urchristlicher Zeit sogar auf Jesus übertragen.

In den Evangelien wirkt das Psalmwort in der Richtung einer formallogisch entwickelten Nebenspur nach: David galt generell als Dichter und Verfasser aller Psalmen. Wenn es also David ist, der den Messias seinen „Herrn" nennt, zu unterscheiden von Gott dem „HErrn", dann kann der Messias, wie es auch verbreitet auf Jesus angewendet heißt, ja nicht „Davids Sohn" sein. Diese etwas spitzfindige Schlussfolgerung der über Jesus mit dem Judentum diskutierenden Gemeinde (etwa in Mt 22,45) spielt hier im Glaubensbekenntnis keine Rolle. Freilich wirkt der Psalm bis ins Glaubensbekenntnis nach als Belegstelle für die Erhöhung Jesu, der nun natürlich allen als im Alten Testament vorausbeschriebener Messias gilt, zu Gott, in die Gottgleichheit, auf den Ehrenplatz zu Gottes „Rechten" erhoben.

Die Reihenfolge der Gedankenschritte ist, um es nochmals zu sagen, die: ein alter Psalm formuliert die kühne Vorstellung, dass Gott den König Israels oder die kommende Heilsgestalt, den Retter, nach Macht und Ansehen und Wirkung auf seine göttliche Ebene erheben werde – und das entspricht einer *Adoption* eines Menschen zu einem *Sohn* Gottes, nicht einer *Geburt* als Sohn Gottes; in der „Auferstehung Jesu" erleben und empfinden die ersten Christen sodann mit der Lebendigkeit und Wirksamkeit Jesu oder des Jesus in ihnen auch seine Erhöhung; und schließlich kommt der Psalmvers, den man kannte, für eine Artikulation und beispielhafte Diskussion dieser nicht einfach darzustellenden Gedanken gerade recht. Dass der Psalmvers nachträglich herangezogen wurde und nicht etwa die Initialzündung des Auferstehungsglaubens mitbewirkte, wird ersichtlich aus seiner schriftgelehrtgespreizten Anwendung in den Evangelien.

Nochmals ist hier beim „Sitzen zur Rechten des Vaters" an den enormen Effekt dieser Vorstellung für das religiöse Selbstverständnis des Glaubenden zu erinnern, das bereits im Themenkomplex „Auferstehung-Erhöhung" angesprochen wurde: wenn nicht die bildhaft-räumliche Lokalisierung Jesu „ein thronbreit rechts von Gott senior" die Intention der Aussage ist, sondern das Gott-gleich-geworden-Sein und das Mitherrschen Jesu, dann ist mit vorausgesetzt, dass sich Gott und Jesus doch wohl gleichsinnig der Weltherrschaft widmen und nicht etwa zwei verschiedene Ziele und Methoden anwenden und verfolgen, zumal eben – um immer in der bildhaften Vorstellung zu bleiben – Gott Vater zu keinem anderen Zweck Jesus derart erhöht hat, als dass er ihn bestätigen wollte, ihm recht geben, ihn gewinnen lassen wollte gegenüber denen, die ihn abgelehnt, verketzert und gekreuzigt haben. Es ist nicht fraglich: So wie Jesus gepredigt hat, zu Lebzeiten, auf Erden, so wird jetzt regiert, im Himmel; alles, was er gesagt hat, war richtig und gilt, im Namen Gottes, ist jetzt Programm der Weltregierung von Gottvaterundsohn. Somit ist es nicht mehr möglich, sich Gott böse, streng, strafend, vernichtend, gesetzlich vorzustellen, wie es an nicht wenigen Stellen des Alten Testaments ausgedrückt wird, sondern es ist nur noch möglich, sich ab jetzt Gott und seine Weltherrschaft so vorzustellen – wie Jesus war. Das ist ein ungeheurer Schub des Bewusstseins, der Gottesvorstellung und der Frömmigkeit, der bis heute nicht von allen, die das Glaubensbekenntnis sprechen, nachvollzogen und realisiert wird.

Einerseits geht damit – endlich – etwas in Erfüllung, was Jesus wollte. Er wollte das alte Gottesbild reformieren, ja revolutionieren und sprach von einem liebenden Vater. Endlich ist die alte Form der angstbesetzten Frömmigkeit und des Gehorsams gegenüber einem strengen Gott abgelöst, weil nun Jesus an dessen Seite „sitzt" – die urchristliche Theologie hat, wenn auch in mythologischer Form, ein Ur-Anliegen Jesu erfüllt. Andererseits entspricht dieses Ergebnis aber doch nicht genau dem, was Jesus wollte: er wollte nicht selbst im Mittelpunkt göttlicher Verehrung stehen, er wollte den Glauben an Gott nicht dadurch verändern, dass er sozusagen als dessen zweite Hälfte zu Gott hinzutrat, sondern er wollte Gott menschlicher darstellen, vorstellen, nahbarer, liebevoller, gütiger, väterlicher. Jesus wollte einen *menschlichen Gott*. Das war sein Ziel. Verehrt wurde im nachösterlichen Urchristentum aber: ein *göttlicher Mensch*. Das war das Ergebnis.

Der Unterschied wäre zu verkraften – und die Entwicklung war *nach* der Kreuzigung Jesu gewissermaßen unvermeidlich, denn ohne den Glauben an seine Erhöhung hätte Jesu Anliegen als gescheitert und widerlegt empfunden werden müssen –, wenn die Christenheit fortan der geistigen Spur treu geblieben wäre, Gott und die Menschen und die gesamte Welt so zu sehen, wie Jesus es tat, wenn unter allen Christen Einigkeit bestanden hätte, so zu leben und die Welt zu verwalten, gar zu regieren, wie Jesus in seinen Worten von der Menschlichkeit, der Liebe, der Geschwisterlichkeit es beschrieb. Wir wissen jedoch, dass es dabei nicht blieb, ja niemals im größeren Maßstab dazu kam. Dies hängt auch mit der Vorstellung von Jesus als Weltenrichter zusammen, von der anschließend zu sprechen sein wird.

Zunächst aber soll zum deutlicheren Verständnis der speziellen Aussage von Psalm 110,1 wie der allgemeinen Vorstellung von der Erhöhung Jesu auf den klassischen inner-neutestamentlichen Kontrast und Gegenpol hingewiesen werden (vgl. oben zu „seinen eingeborenen Sohn"): erst die nochmals später ausgesagte Göttlichkeit Jesu *seit Geburt* (erst in den Vorgeschichten bei Matthäus und Lukas belegt, also um das Jahr 80 bis 90), durch eine wunderhafte übermenschliche Abstammung aus Gott, ebnet nahezu die gesamte Erhöhungs-Vorstellung, die für die erste Christenheit so „urknallmäßig" grundlegend war, wieder ein. Sie verlagert die Gottessohnschaft Jesu, die bei Paulus aus der Auferstehung (Röm 1,4) und für die frühen Christen durchweg aus der damit identischen „Erhöhung" resultierte, nach vorne, in die Geburt, ja vor die Geburt (so betrachtet, ist die Präexistenz-Christologie des Johannes die konsequente Fortführung dieser Vorverlagerung); die urchristliche Kühnheit, die in der Erhöhungsaussage liegt, geht bald wieder verloren: Nun scheint es, als sei ein göttliches Wesen für kurze Zeit auf Erden gewandelt und mit der Auferstehung bzw. Himmelfahrt dorthin zurückgekehrt, wo es auch herkam und hingehörte, in den Himmel. Diese nivellierte Sicht ist gleichwohl die am weitesten verbreitete geworden. Die am Festkalender des Kirchenjahres oder an der metaphysischen Biographie Jesu orientierte laienhafte Anschauung der meisten Christen, Weihnachten komme eben vor Ostern, verdeckt den Blick darauf, dass Ostern das um Jahrhunderte ältere Fest und die Auferstehungs-Erhöhung der um Jahrzehnte ältere Glaubensinhalt und Gedanke war.

„**von dort wird er kommen, zu richten die Lebenden und die Toten**" Zu diesem Satz wird viel Kritisches zu sagen sein. Mehr noch als bei der Frage der Geburt Jesu hat sich das Glaubensbekenntnis hier vom historischen, irdischen Jesus entfernt. Natürlich formulierten die Väter des Glaubensbekenntnisses diesen Gedanken nicht willkürlich, sondern sie drückten zum einen aus, was die Christenheit ihrer Zeit dachte; und zum anderen war ihnen der Gedanke vorgegeben und überliefert, denn er findet sich bereits voll und ganz im Neuen Testament. Der vorstellungsmäßige Entwicklungssprung zu einem Jesusbild, das sich vom historischen, irdischen Jesus nicht nur unterscheidet, sondern ihm glatt widerspricht, ist allerdings hier am deutlichsten. Er hat bereits in neutestamentlicher Zeit stattgefunden und wird folglich von den neutestamentlichen Schriften dokumentiert. Aus ihrer Analyse lässt er sich auch rekonstruieren und nachvollziehen.

Wenn mit der Erhöhungs-Aussage (s. oben zu „auferstanden" und „er sitzt …") Jesus neben Gott sitzend gedacht wurde und es infolge dessen nicht mehr möglich schien, sich Gott böse, streng, strafend, vernichtend und gesetzlich vorzustellen, so kehrte doch sehr bald die Menge der gewohnten Vorstellungen wieder, zum kleineren Teil aus der Schrift, zum größeren Teil aus der Volksfrömmigkeit und einem wild florierenden religiösen Schrifttum, das wir heute „apokryph"* nennen, und übermalte das eben erst neu gewonnene Gottes- und Jesusbild abermals. Eine Rückkehr zur alten strengen Gottesvorstellung wäre schlimm genug gewesen – es kam schlimmer: nun wurde Jesus als streng, strafend, vernichtend, gesetzlich gedacht – nämlich als Weltenrichter. Es liegt ein Hauch von Schizophrenie auf dem Vorgang, die Funktion des Weltenrichters in Gedanken dem anzutragen und zuzuschreiben, von dem man gleichzeitig Worte überliefert wie: „Richtet nicht, auf dass ihr nicht gerichtet werdet!" (Mt 7,1)

Wie konnte das Jesusbild in so kurzer Zeit derart ins Negative umschlagen? Die Vorstellung von einem Welt- und Endgericht war zur Zeit Jesu noch recht jung. In den älteren und mittleren Schichten des Alten Testaments begegnen weder Gedanken an ein allgemeines Weltende, noch an eine individuelle Auferstehung der Verstorbenen, noch an ein breit ausgemaltes Gericht. Die End-Hoffnung der klassischen Propheten etwa richtet sich nicht auf ein Jenseits, sondern auf ein heilvolles „Ende der Zeiten" – ‚Ende' aber eher in dem Sinne verstanden, dass die Schau nicht weiter reicht oder es dann, wenn das Heil eingetreten ist, keiner grundlegend weiteren Entwicklung mehr bedarf. Dieses endzeitliche Heil beschreiben die Schriftpropheten in wunderbaren Bildern, die selbst aus dem Abstand von knapp dreitausend Jahren immer noch wirksam sind und uns berühren: dass kein Krieg mehr sein wird, man nicht mehr lernen wird, zu töten, dass Friede herrschen wird, dass zahme Geschöpfe und Raubtiere miteinander weiden, dass der Säugling gefahrlos am Loch der Giftschlange spielt, dass man Schwerter zu Pflugscharen umschmiedet – weil die Erkenntnis des HErrn, die Heil und Frieden schafft, sich gegenüber allen menschlichen Torheiten und Untugenden durchgesetzt und verbreitet haben wird (Jes 11 oder Micha 4). Es war dies zwar eine Hoffnung über die real erfahrbare Zeit hinaus, aber sie war nicht transzendent im eigentlichen Sinne, und sie war positiv und konstruktiv. Weltuntergangs- und Weltgerichtsphantasien sind etwas ganz anderes, sind ein geradezu gegenteiliges „Lösungs"-modell.

Der Gedanke von einem Weltende tritt im hebräisch-jüdischen Kultur- und Religionskreis massiv in Erscheinung erst ab der Mitte des 2. Jahrhunderts v. Chr. Der Prophet Daniel schildert in einer surrealistischen Vision (Dan 7) die Abfolge der Weltreiche bis zum Ende. Das war verschlüsselte politische Prophetie. Die Makkabäer kämpften damals ihren erbitterten Freiheitskampf gegen die Seleukiden, der für sie auch ein Kampf für den Vätergott gegen das hellenistische Heidentum war – grausig nachzulesen in den Makkabäerbüchern, die zu den alttestamentlichen Apokryphen* zählen. In dieser Zeit, als die Freiheits- und Glaubenskämpfer, die sich für fromm und gesetzestreu und die letzten Aufrechten Gottes hielten, nicht immer siegen konnten, sondern den Gottlosen zu unterliegen drohten, *dachten* sie den Ausweg, die Lösung, so wie eben nur verbissen fanatische Kämpfer Auswege denken können: wenn die wahre Gottesverehrung durch unseren Einsatz nicht wieder herzustellen ist, wenn Gott sich von Gottlosen besiegen lässt, kann die Erklärung nur lauten, dass er in dieser alten Welt nicht mehr gewinnen braucht, weil er ohnehin bald eine neue schafft. Wenn es Gerechtigkeit hier nicht gibt, kommt sie in einer neuen Welt. Wenn wir die Feinde Gottes nicht vernichten können, sondern diese alles ihrem Einfluss unterwerfen, wird Gott selber sie und alles vernichten. Und man malt sich aus, und Schriften über Schriften mit geheimen Offenbarungen (und daher nennen wir dieses Schrifttum und die ganze höchst seltsame Geistesbewegung „apokalyptisch", vom Begriff Apokalypse, ‚Offenbarung' her) werden produziert und beschreiben, wie die Welt bald untergehen, wie es brennen, donnern und blitzen wird, wie – welche Genugtuung! – endlich die Feinde allesamt zermalmt und im Feuer verbraten werden, wie ein unvorstellbares Strafgericht über die Erde kommt, wie alles vergeht, und wie Gott dann, als zweite neue Schöpfung sozusagen, die Erde von neuem erstehen lässt, eine Auferstehung der Welt gleichsam, qualitativ eine Neue Welt, ein Jenseits als verbesserte Neufassung des alten Diesseits, zeitlich der „neue Äon", wie man sagt. Der neue Äon ist allein schon deswegen gut und schön, weil die Bösen, die Feinde – und jeder denkt dabei natürlich an die *anderen* – nicht mehr darinnen sein werden, denn diese Widersacher sind ja geschluckt worden vom ewigen Verderben; aber „die Gerechten", so heißt es, „werden leuchten", sie werden überdauern oder, und das lehrt man bald, auferstehen zum neuen Leben in der neuen Welt. Die Schlüsselrolle bei diesen ungeheuerlichen Wandlungen spielt eine Himmelsgestalt, jener „Menschensohn" aus der Vision des Daniel, der so bezeichnet wird, weil er in Dan 7 nach den dortigen Tiergestalten eher wieder menschliches Aussehen hat; und dieser Menschensohn kommt vom Himmel her, tritt sowohl all diese Endereignisse los, wie er auch die Menschen in Gute und Böse, in Verdammte und Erlöste zu scheiden versteht. – Dies etwa war Volksglaube zur Zeit Jesu.

Nun brauchte dieses ganze Vorstellungsgemenge nur noch auf Jesus übertragen zu werden – und das lag insofern nahe, als andernfalls im apokalyptischen Volksglauben eine Heilsfigur neben oder gar über eben jenem Jesus stehen geblieben wäre, den man in den Himmel erhoben dachte –, man brauchte nur noch auf den Gedanken zu kommen, Jesus selbst sei dieser Menschensohn – *gewesen* zwar, weil Jesus ja schon da *war,* aber auch zukünftig erwartet, weil er als Richter-Menschensohn ja bald *wieder*kommen werde –, und wir haben die urchristliche Vorstellung vom Ende der Zeiten bis hin zu unserer Zeile des Glaubensbekenntnisses.

Das Problem dabei ist allerdings, dass Jesus so nicht gedacht hat. Er kannte natürlich diese zeitgenössischen Vorstellungen. Sie waren ja verbreitet. Aber er grenzte sich von ihnen ab. Er lehrte das Gegenteil. Er weigerte sich, zu richten. Er teilte die Menschen nicht in Verdammungs- und Erlösungswürdige ein, sondern überwand sogar die Unterscheidung von Sündern und Gerechten. Er sprach von der Schöpfung nicht als etwas, das nur noch wert sei, bald zu vergehen, sondern dichtete Gleichnisse voller positiver Naturbeobachtung und Schöpfungsvertrauen. Er predigte kein Ende, sondern einen Neuanfang. Gerade die Wachstumsgleichnisse besingen die guten Kräfte, die in der Welt vorhanden sind. Er veränderte den – von den anderen so genannten – Sünder nicht durch Strafandrohung, sondern durch liebevolle menschliche Annahme. Seine Botschaft ist das Gegenteil zur Apokalyptik. Das wird weithin nicht klar gesehen, nicht zuletzt weil in den Evangelien selbst eine Menge von Worten oder gar Gleichnissen begegnet, in denen Jesus vom Gericht und von sich als dem es einleitenden Menschensohn zu sprechen scheint. Es ist ein gewichtiges Arbeitsgebiet der neutestamentlichen Exegese, zu zeigen, dass und wie solche Worte ihm in den Mund gelegt worden sind, teils, weil man meinte, auch er habe so denken müssen, teils weil man den ursprünglichen Sinn mancher Gleichnisse nicht mehr verstand und einen neuen ungleich negativeren Gleichnis-Sinn aus der Apokalyptik entwickelte und beim jahrzehntelangen mündlichen Weitererzählen *vor* der schriftlichen Aufzeichnung der Jesus-Überlieferung bewusst oder unbewusst einfließen ließ. So sind die Worte, in denen Jesus scheinbar von sich als kommendem Weltenrichter redet, Bildungen der eben dies glaubenden, ja in Verfolgungsängsten *erhoffenden* Gemeinde; so waren die Gleichnisse, die in ihrer Endfassung von der Scheidung des Gerichts in Erlöste und Verdammte zu sprechen scheinen, ursprünglich drastische und nicht der Heiterkeit entbehrende Spiegel für die Menschen, welche die Gelegenheit, von Jesus zu lernen, tölpelhaft verpassten: die fünf törichten von den insgesamt zehn Jungfrauen etwa (Mt 25), die in einem nächtlichen Lichterzug den Bräutigam einholen und zum Ort des Festes geleiten sollen, aber kein Öl für ihre Lampen bei sich haben, schließen durch ihre Torheit, durch ihre groteske Unvorbereitetheit, durch die Diskrepanz zwischen zur Schau gestelltem Auftreten und Wirklichkeit sich selbst vom Fest aus. Menschen mit solcher inneren Haltung begegnen Jesus nicht trotz größter äußerer Nähe. Das Gleichnis zielt auf die Gegenwart Jesu. Jahrzehnte später deutete man es, wie viele andere auch, auf die Zukunft. Aus der inneren Konsequenz des Verhaltens wurde eine Strafe, aus dem Fest ein Gericht.

Mit der breit einsetzenden Umdeutung von Jesusworten auf ein zukünftiges Gericht waren bald entscheidende falsche Weichenstellungen vollzogen: Jesus wurde zum Weltenrichter, vor dem man – wirksam auf Jahrhunderte – wieder Angst haben musste; die harten, gesetzlich lohnenden und strafenden Züge des alttestamentlichen Gottes, die Jesus überwinden wollte, wurden nicht nur beibehalten, sondern auf Jesus übertragen – und vor allem: sein gedachtes und erwartetes zweites Kommen wurde, genau genommen, als noch wichtiger erachtet als sein nun als solches gedeutetes „erstes". Das war die eigentliche geistige Katastrophe: ein großer Teil dessen, was Jesus verkörpert, gesagt, gelehrt, geleistet und an Bewusstseinsänderung erreicht hatte, wurde nicht nur nivelliert, sondern geradezu zerstört durch ein etwa so zu beschreibendes Wunschdenken: ‚wenn er ein zweites Mal kommt, wird er sich nicht mehr kreuzigen lassen, sondern sich endlich mit Gewalt durchsetzen, die Gottlosen vernichten, die Welt, die nicht zu bessern ist, in den Untergang schicken und uns, den Frommen, endlich den Triumph über die Unfrommen verschaffen – und das bald, noch zu unseren Lebzeiten, und dann brauchen wir nicht zu sterben, sondern werden lebend verwandelt' – und so fort. Diese Gedanken folgen zwar einer inneren Logik, diese aber wirkt wie die negative Logik eines Psychopathen. Eben solche Erwartungen aber sind verbreitete Lehre geworden. Nirgends hat sich die Christenheit so sehr von ihrem Urheber entfernt wie hier, und keine andere Glaubensaussage ist so rasch und so klar von der Erfahrung widerlegt worden wie jene, die Welt werde noch zu Lebzeiten der ersten christlichen Generation untergehen.

Das heilvolle Sitzen Jesu zur Rechten Gottes – ein Bild voller religionsverändernder positiver Kraft –, der Glaube an einen Gott, der jetzt die menschlichen und liebenden und nahbar-vertrauten Züge Jesu trägt, hat sich in kurzer Zeit gewandelt zu einer Erwartung eines unerbittlich strengen Jesus als Weltenrichter; und noch das letzte Buch der Bibel, die Offenbarung des Johannes, schwelgt in solcher Apokalyptik und nicht endenden surrealistisch-grausamen Bildern.

Bei diesem Stand der Entwicklung blieb es bis heute. Die apokalyptische Lehre vom Weltgericht widerspricht den Grundanschauungen Jesu. Denn im Ergebnis erweckt sie den Eindruck, nicht etwa Gott habe sich geändert durch Jesus, mit Jesus, sondern er habe sozusagen in Jesus nur noch einmal ein letztes Angebot zur Güte unterbreitet, bevor er doch in Strenge zuschlägt. Der Zorn Gottes dominiert damit im religiösen Empfinden der Menschen, die so denken, wieder über seine Liebe. Zur Nachfolge Jesu und zum Glauben an ihn ist man nun nicht selten aus Angst bereit, um im Gericht auf der sicheren Seite zu stehen, und nicht, weil man überzeugt wäre, dass Jesus die besseren Lösungen hat. Zum ewigen Maßstab wird im Grunde wieder das Gesetz, das Jesus überwinden wollte; die Liebe bleibt Intermezzo. Vom apokalyptischen Weltbild geht die Verführung aus, zu denken, dass die mir von Jesus anempfohlene Feindesliebe, meine Freundlichkeit also auch gegenüber denjenigen, die ohnehin bald zur Hölle fahren werden, nicht mehr Problemlösung ist, sondern Tugenderweis meiner im Gericht zu belohnenden Rechtschaffenheit – doch angesichts des baldigen Untergangs der Bösen eigentlich ein seltsamer Luxus.

Die Frage, wie denn nun in der Zeit *nach* Jesus mit dem wahrlich sich stellenden Problem des fortexistierenden Bösen oder Gottwidrigen und des Ausbleibens einer äußerlich sichtbaren Verwandlung der Welt zum Guten umzugehen sei, war in der zweiten Hälfte des ersten Jahrhunderts legitim und wichtig. Dass man die Frage aber beantwortete durch plumpen Rückgriff auf letztlich gewalttätige und neurotisierende Vorstellungen, die Jesus bereits überwinden wollte, und diese zur ultimativen Perspektive erhob, ist tragisch. Es liegt vermutlich auch an dieser groben Verzeichnung des Jesusbildes, dass die christliche Welt sich äußerlich so wenig zum Guten veränderte und die Ethik Jesu ihr Denken weithin nicht beherrschte. Der zeitlos symbolisch-positive Kern einer Gottesgerichts-Vorstellung, dass endlich die höchste Macht sich verbinden werde mit der höchsten Gerechtigkeit und durch das absolute Zusammenwirken beider Kräfte, die nach menschlicher Erfahrung nur in seltenen Glücksfällen sich vereinen, Lösungen von einer Klarheit und Gültigkeit erreicht werden, zu denen Menschen nicht fähig sind, wird eingetrübt, ja verhüllt von der Kleinlichkeit der apokalyptischen Vernichtungsvorstellungen.

Dass die apokalyptischen Phantasien, speziell die ihnen als Spitze eigene aktuelle Naherwartung des Endes, derart breit vom Urchristentum Besitz ergriffen, wurde gewiss auch befördert von der Eroberung und Zerstörung Jerusalems durch die Römer im Jahre 70 nach Christus. Der Untergang der heiligen Stadt mit dem Tempel konnte nicht nur für Juden, sondern auch für Judenchristen verständlicher erscheinen, wenn man die Ereignisse als Auftakt der „Wehen der Endzeit" deutete. Der Untergang Jerusalems ist wohl ‚Wasser auf die Mühlen' der Apokalyptiker gewesen. Sie sahen sich bestätigt. „Jetzt ist die Zeit, dass das Gericht anfange am Hause Gottes", formuliert der 1. Petrusbrief (4,17). Jetzt baut Matthäus, der *nach* der Zerstörung Jerusalems schreibt, den Ruf der Jesus verdammenden Menge in die Passionserzählung ein

(27,25) „Sein Blut komme über uns und unsere Kinder". Jetzt ergänzt Matthäus das Gleichnis Jesu vom großen Gastmahl um den nahezu pervers die Gleichnishandlung sprengenden, aber eben die Zeitgeschichte deutenden Satz (22,7): „Da ward der König zornig und schickte seine Heere aus und brachte diese Mörder um und zündete ihre Stadt an." Eine eigenartige Funktionsverschiebung des apokalyptischen Gedankenguts ist zu erkennen: hatten die Weltuntergangsphantasien in ihrer Entstehungsphase, zur Zeit der kämpfenden Makkabäer, etwas von dem kranken Eifer eines Selbstmörders – „alles, was mir noch helfen kann, ist der Untergang" –, so dienen sie nun als bereitliegendes und verbreitetes Denkmodell dazu, das Entsetzen über den realen Untergang zu nivellieren, indem sie das erlebte Schlimme in noch Schlimmeres einbetten. Wenn die ganze Welt ohnehin bald schrecklich endet, fällt die Zerstörung einer Stadt nicht mehr gar so sehr ins Gewicht – ja, die Zerstörung Jerusalems darf als Auftakt der Umbrüche der Endzeit gesehen werden, die zu nichts anderem führen als zum Heil der neuen Welt. Die Apokalyptik sollte helfen, die Krise zu deuten und zu bestehen; nicht von ungefähr hat sie auch in späteren Jahrhunderten Zulauf gerade in Krisen und Notzeiten erfahren. Bereits vor den römischen Christenverfolgungen, zur frühen Zeit der Verfolgung der ersten Christen durch die jüdische Synagogengerichtsbarkeit, an der auch der noch unbekehrte Paulus mitwirkte, wurden überlieferte Jesusworte – vor ihrer Niederschrift – apokalyptisch eingefärbt oder neu verknüpft oder ganz neu gebildet in dem Sinne, dass das Weltende auch das Ende der Verfolgungen bringen werde (etwa Mk 13,9–13). Der „Trost" der Apokalyptik ist aber erkauft um den Preis, das Heil Gottes ganz und gar in einer jenseitig-späteren Welt zu erwarten. Der Heilserwartung und -Verkündigung Jesu entspricht dies nicht.

Erkennbar deutlich bezieht das Johannesevangelium Stellung gegen den apokalyptischen Trend im 1. Jahrhundert. Johannes spricht über Jesus in pointierten Worten, die wie ein Gegenprogramm zum Abgleiten in zukünftige Gerichtserwartung und ein Aufruf zum Rückbesinnen auf das durch Jesus gegenwärtige, präsentische Heil klingen. „Gott hat seinen Sohn nicht gesandt in die Welt, dass er die Welt richte, sondern dass die Welt durch ihn gerettet werde. Wer an ihn glaubet, der wird nicht gerichtet, wer aber nicht glaubt, der ist schon gerichtet ... Das ist aber das Gericht, dass das Licht in die Welt gekommen ist, und die Menschen liebten die Finsternis mehr als das Licht ..." (Joh 3,17ff).

Johannes holt die Entscheidung, vor der die Menschen stehen, aus einer phantasierten Zukunft wieder zurück in die reale Gegenwart, spricht sie einem kommenden Richter ab und legt sie wieder in die Verantwortung des mündig selbst entscheidenden Menschen. Johannes „entmythologisiert" die Vorstellung vom Gericht und macht sie „existential". Johannes hat, bei aller Weiterentwicklung der Botschaft Jesu, erkannt, dass Jesus nicht apokalyptisch dachte, und er protestiert in Jesu Namen gegen diese Jesu Botschaft pervertierende Tendenz, die auch er freilich allenfalls in seiner näheren Umgebung, nicht allgemein, aufhalten konnte.

Es ist zugegebenermaßen schwer, das Nichtwissen zu ertragen, warum die Bilanz der Gerechtigkeit in diesem Leben sehr oft nicht aufgeht – schon das Buch Hiob müht sich an eben dieser Frage ab –, aber die Lösung kann nicht sein, Antworten drittklassigen Ursprungs zur Lehre zu erheben, die das Anliegen Jesu zerstören. Im Grunde zeigt sich an dieser Thematik, wie wenig die Christenheit reif war und ist für Jesus und psychisch noch auf der Stufe des Mose steht, der Gesetz, Lohn und Strafe von Gott her feilbietet. Bei unserem verbreiteten Spotten über andere Religionen, die aus dem nämlichen Grund, einen gerechten Ausgleich zu denken, von Seelenwanderung sprechen, darf uns nicht entgehen, dass unsere klassischen Antworten keineswegs überlegen sind. Schon die Urchristenheit ist hinter ihre ursprüngliche Kühnheit tief zurückgefallen: erst glaubte sie in einem schier revolutionären Gedanken, dass Jesus sozusagen Gott, die Gottesvorstellung der Menschen, verändert habe, und dann kam am Ende heraus, dass Gott sozusagen diesen Jesus, nachdem er ihn geehrt und erhöht hatte, „umgedreht" habe und für die Zwecke seines Weltgerichtes eingespannt – im Gegensatz zu allem, was dieser Jesus vorher programmatisch getan und gesagt hatte.

Das Heilsangebot Jesu, das Heilvolle seines Denkens und Handelns und seines Vorbildes muss auch für uns Heutige größer sein als der denkerische Rückgriff auf primitive Schemata, die nicht den Geist Jesu atmen. Dass die Welt noch erlösungsbedürftig und nicht vollendet ist, das braucht man nicht ‚glauben', das sieht man. Glauben kann man, vertrauen dürfen wir darauf, dass Gott zur Klärung und Lösung Wege gehen kann, die wir nicht zu kalkulieren vermögen. Aber der Weg von Gericht und Zerstörung wird es nicht sein. Denn dies ist nicht Gottes Metier, sondern – leider – regelmäßig unseres.

Der dritte Artikel

„**Ich glaube an den Heiligen Geist**" – so beginnt der dritte, letzte Artikel des Glaubensbekenntnisses. Die Worte „ich glaube" klingen hier auf subtile Weise anders als am Anfang des ersten Artikels (siehe dort), über dessen wenige Zeilen sie bis in den zweiten hinüberwirken. Hier im dritten Artikel empfinden viele Menschen bei den unbetont wiederholten Worten „ich glaube" den Heiligen Geist hinzu-erwähnt wie einen noch weiteren ‚Glaubens-Satz', wie ein hier anzufügendes dogmatisches Lehr-Kapitel, so als müsse man, wenn man theologisch korrekt von Gott sprechen wolle, auch noch seinem letzten Drittel Erwähnung und „Glauben" schenken. Vielleicht besteht eine Wechselbeziehung zwischen dieser Empfindung und dem Umstand, dass für viele der ‚Geist' deutlich unanschaulicher bleibt als Gott ‚Vater' und ‚Sohn'.
Zum einen hat für viele Christen der Heilige Geist, von persönlichen Vorstellungen bis hinein in die christliche Kunst, etwas in höherem Maße Symbolartiges als Gott und Jesus. Zum anderen wird unser Denken mitgeprägt von der in der Beschreibung des Geistes gar nicht glücklichen Pfingsterzählung des Lukas aus der Apostelgeschichte, Kapitel 2, nach der wir uns in der Regel den Heiligen Geist als ein unbekanntes neues Phänomen, zu Pfingsten erstmals aufgetreten, vorstellen. Gewiss hat der Geist Gottes, wie oben ausgeführt, an Pfingsten die Menschen ergriffen und der Sache Jesu zum Durchbruch verholfen, aber er war nicht eigentlich neu: auch Jesus sprach und wirkte aus dem Geist Gottes, alle alttestamentlichen Propheten wussten sich von ihm bewegt, und bereits in den ersten Zeilen der Bibel, vor der so vorgestellten Erschaffung der Welt, „schwebte der Geist Gottes über den Wassern". Gott ist schon in alter Zeit als ein Geistwesen beschrieben.
Die altkirchliche Dogmatik nennt den Heiligen Geist die „dritte Person" Gottes. Noch die Augsburger Konfession, jene grundlegende evangelische Bekenntnisschrift aus dem Jahre 1530, betont in ihrem ersten Artikel, das Wort ‚Person' meine eben nicht einen Teil oder eine Eigenschaft Gottes, sondern etwas, das aus sich selbst, in sich selbst existiert und besteht („non partem aut qualitatem in alio, sed quod proprie subsistit").
Es wäre besser, hier nicht mehr derart dogmatisch-begrifflich zu trennen. Der Geist, das Geistige, ist ungeachtet scharfsinniger Unterschei-

dungen sehr wohl ein Wesensmerkmal Gottes. Und mit der Rede vom Geist Gottes kann auch Gottes Gegenwart, seine Anwesenheit beschrieben werden. Denn während der erste Glaubensartikel die Aufmerksamkeit in urvergangene Zeiten zurücklenkt, zur Schöpfung, und während die wesentlichen Inhalte des zweiten Artikels vor immerhin 2000 Jahren sich ereigneten, handelt nun der dritte Artikel von der Gegenwart, von ‚Gott heute', von den Möglichkeiten des einzelnen wie der Gemeinde, Gott zu erfahren: gleichzeitig, präsent, unmittelbar und aktuell und nicht nur vermittelt von Überlieferungen, die über Jahrtausende weitergereicht worden sind. So kann in der Tat der Geist als Gottes Gegenwart bezeichnet werden.
Freilich ist der Heilige Geist, der als Geist gegenwärtige Gott, auch zugleich die Gegenwart *Christi*, die geistige Verbundenheit mit *Jesus*. Wie sehr der Auferstandene geistmächtig, eben „im Geist" wirkt, ist oben zum zweiten Artikel dargestellt worden. In der Kirchen- und Dogmengeschichte ist genau über diese Frage, ob der Geist nur vom Vater oder auch vom Sohn ausgehe, mehrere Jahrhunderte lang diskutiert und gestritten worden, bis in der Endfassung des umfangreicheren Glaubensbekenntnisses als des hier behandelten Apostolikums, des Nizäno-Konstantinopolitanums, die Formel „filioque" [„und vom Sohn" (ausgegangen)] allgemeine Anerkennung fand.
Die Frage, ob der Geist allein vom Vater oder auch vom Sohn gesandt wird, mag wie weltfremdes Theologengezänk anmuten. Aber wenn man nicht der Vorstellung nachhängt, man müsse fragen, was genau „gewesen ist", sondern – was immer mitgedacht werden muss –, wie das Gewesene auf mich und meine Gottesbeziehung wirkt, erkennt man sogleich den Unterschied. *Vor* Jesus konnte sich ein Mensch sehr wohl vom Geist Gottes getrieben und getragen fühlen, wenn er etwa in den Heiligen Krieg gegen andere zog. *Nach* Jesus ist etwas Derartiges nicht mehr möglich. Die Art und Weise, wie Jesus lebte und was er lehrte, hat nicht nur das Gottesbild, unsere Vorstellung von Gott „Vater" verändert, sondern auch Maßstäbe gesetzt für das, was „Geist Gottes" ist und was nicht. Darum hat es seine tiefe Berechtigung, zu sagen, der Geist kommt von beiden. Gegenwart des Geistes bedeutet gewissermaßen Gegenwart Gottes *und* Jesu bei mir, in mir, unter uns „Glaubenden".
Dann drücken aber die Wort „ich glaube" auch hier, im dritten Artikel, wie schon oben zu Beginn des ersten, nicht einfach aus, dass ich dog-

matische Glaubensaussagen, also gedankliche Konstrukte über den Geist anerkenne, etwa dass es ihn gibt oder von wo er kommt, sondern sie bedeuten wiederum: ich *vertraue* auf ihn, ich rechne mit ihm, ich bemühe mich, ihn zu spüren, ich versuche, auf ihn zu achten, wo immer ich seinen Hauch wahrnehme, ich versuche, so zu leben, dass ich ihn einbeziehe, mich offen halte für ihn, ihn nicht ausschließe, mich übe, ihn von anderen Geistern zu unterscheiden. So verstanden, ist der erste Satz des dritten Artikels nicht eine alte dogmatische Formel, sondern wiederum höchst aktuelle und überaus anspruchsvolle Selbstverpflichtung und Aussage über meine Lebensanschauung und Lebensführung aus einem spezifischen Grundvertrauen und einer speziellen Erwartung.

Der Geist ist einerseits das Unverfügbare; „er weht, wo er will". So lässt Johannes Jesus sagen (3,8). Ungreifbar kann er sein, obwohl er für meine Gottesbeziehung in meinem gegenwärtigen Erleben grundlegend und mit Gott und Christus identisch und insofern zuverlässig vorhanden ist. „Der Herr ist der Geist", sagt Paulus (2 Kor 3,17). Diese Unverfügbarkeit und dieses gleichwohl zuverlässige zu mir Herüberwehen ist Gottes Anteil an der Beziehung; dass ich mich dafür entscheiden und bereithalten muss, offen zu sein für Geistiges, Spirituelles, dies ist *mein* Anteil an der Beziehung. Die Funktionen des menschlichen Geistes wollen auf die ‚Wellenlänge' des Gottesgeistes als Quelle überraschender Lebensimpulse und Wahrheitseinsichten ‚abgestimmt', ‚getrimmt' werden. Im Unterlassen des Letzteren liegt das große Manko einer weithin auf materielle Werte setzenden Kultur und Gesellschaft.

An der alten Pfingst-Erzählung in Apg 2 ist bemerkenswert, dass der Geist dort nicht Einzelgänger ergreift, sondern eine Menschenmenge, so groß, dass die sich darin gewissermaßen vollziehende erste Wiederkehr Jesu im Geiste von den beiden Macht-Blöcken, die ihn getötet und irdisch-leiblich aus der Welt geschafft hatten, nicht mehr aufzuhalten war. Der Heilige Geist schließt zusammen. Das tun andere Geister zwar auch. Auch Ungeister bilden und formen Gruppen und Klüngel bis hin zu Massenbewegungen. Aber der Geist Christi knechtet nicht. „Wo der Geist des Herrn (Christi) ist, da ist Freiheit"; so führt Paulus die Aussage, dass der Herr der Geist sei, in 2 Kor 3,17 fort. Der Geist Christi wirkt im Sinne und nach dem Maßstab Jesu. Der Versuch, aus dem Geist Jesu zu leben, ist nun sozusagen die Fortsetzung dessen, was vor Jesu Kreuzigung das Unterfangen der Nachfolge war. Dies schließt die

Gleichgesinnten zusammen. Darum ist es stimmig, wenn hier im Glaubensbekenntnis auf die Rede vom Geist Worte über die Kirche und die Gemeinschaft folgen.

„die heilige christliche Kirche, Gemeinschaft der Heiligen" Etwas seltsam mutet es an, dass die Kirche als „heilig" bezeichnet wird, ebenso wie ihre Mitglieder, wenn sie Gemeinschaft halten, als „Gemeinschaft der Heiligen". Die Kirchengeschichte mit ihrem vollen Anteil am Negativen der Allgemeingeschichte und ihrem Schicksal, nicht anders als diese ein ‚Mischmasch aus Irrtum und Gewalt' (Goethe) zu sein, lässt die Kirche, gleich welcher späteren Konfession, keineswegs als heilig erscheinen. Doch das Wort „heilig" bedeutet nicht fehlerfrei oder makellos, sondern „geheiligt", also in den Dienst Gottes gestellt, weil von ihm berufen. Insofern impliziert es auch eine Selbstverpflichtung. Bereits Paulus redet in seinen Briefen jeweils mit den ersten Worten die Empfänger als „Heilige" an – den Ausdruck „Christen" gibt es noch nicht – und benennt damit die Besonderheit, die besondere Erwählung und besondere Berufung der jungen Gemeinden, die natürlich nach Anspruch und Auftrag immer der Realität vorauseilt. Hinter dem urchristlichen Reden von „Heiligen", das einen völlig anderen Sinn hat als die spätere für die katholische Kirche so breit praktizierte und von der evangelischen Kirche abgeschaffte „Heiligen"verehrung (die im apokalyptischen* Gedankengut, etwa der Offenbarung des Johannes, Kap. 4ff, ihren Hintergrund hat) steht die alttestamentliche Vorstellung von dem einen *erwählten* Gottesvolk, einem „heiligen", Gott *geheiligten* Volk.
Diese Selbstbezeichnung, dieses Selbstverständnis übernimmt die junge Christenheit in einem Akt sowohl der anlehnenden Nachahmung wie zugleich der aggressiven Abgrenzung, sie kopiert es und entwendet es sozusagen zugleich den Juden und drückt damit aus, dass das ‚alte' Gottesvolk, sofern es an Jesu Verwerfung beteiligt war, gegen seine Erwählung entschieden habe, und sie selbst, als junge neue Gruppierung, die noch nicht einmal einen Namen hatte, nun das ‚neue' Gottesvolk darstelle, Gottes heilige Gemeinschaft. Alle Verheißungen, die in der Schrift dem alten Gottesvolk gegeben worden waren, gehen nun, meinte man, auf die neue Gemeinschaft der an Jesus Glaubenden über. Dies war ein extremer Anspruch. Es war im Wortsinne „unverschämt", wenn der ‚Zweig' auf solche Weise mit der ‚Wurzel' umsprang – um ein

Bild des Paulus zu gebrauchen (Röm 11,18). Und dennoch lag in dieser Entwicklung etwas im Kern Richtiges: Die Exklusivität der Erwählung, die für Israel galt, war nun aufgebrochen und ausgeweitet – und eben dies entsprach dem Denken Jesu. Vorösterlich war bei Jesus nicht mehr die traditionelle Rechtschaffenheit und Zugehörigkeit zur Frömmigkeitselite Bedingung, um akzeptiert zu werden. Nun, nachösterlich, denkt man und wirkt man darauf hin, dass das neue Gottesvolk aus Juden und Griechen besteht, alten Gottgläubigen und neu Gewonnenen, Israeliten und Heiden, Monotheisten und ehemaligen Götzendienern – eine unglaubliche, beinahe unvorstellbare Kombination. Nicht hoch genug kann die Überbrückung der religiösen, kulturellen, gesellschaftlichen und ethnischen Gegensätze eingeschätzt werden, die damit geleistet wurde. ‚In Christus gilt nicht mehr Jude noch Grieche, nicht mehr Sklave noch Freier, nicht mehr Mann oder Frau, alle sind eins' so hämmert es Paulus seinen Lesern ein (Gal 3,28). Diese anspruchsvolle Weite hat die neue „Gemeinschaft der Heiligen", weil ihre gemeinsame ‚Heiligung', also gleiche Berufung von Gott und Ausrichtung auf Gott hin alle Unterschiede überbrückt. Wie ungeheuer weitreichend solche Gedanken waren, die ja in praktischen Vollzug umgesetzt wurden, erkennen wir, wenn wir sie versuchsweise einmal in die Gegenwart übertragen. Zeitgenössisch könnte oder müsste man sagen: ‚in Christus', in der aus allen anderen Mengen der Gesellschaft kommenden Schnittmenge der an ihn Glaubenden, gibt es keine Unterschiede mehr sondern nur noch eine Gemeinschaft zwischen Armen und Reichen, Arbeitgebern und Arbeitnehmern, Gewerkschaften und Industrie, den politischen Parteien, den Volkszugehörigkeiten, zwischen Inländern und Ausländern. Wie verzagt Christen heute weithin hinter dem urchristlichen Aufbruch zu einer neuen „Gemeinschaft der Heiligen" zurückbleiben, machen solche Gedanken deutlich.

Diese neue geheiligte Gemeinschaft erhält in neutestamentlicher Zeit soeben erst einen Namen: in Apg 11,26 schreibt Lukas, es sei in Antiochien geschehen, dass man die „Jünger" zum ersten Mal „Christen" nannte. Als das Glaubensbekenntnis formuliert wurde, ist bereits das Wort „Kirche" geprägt: es ist entwickelt aus dem griechischen κυριακή (‚kyriakē'), dies wiederum abgeleitet von κύριος (‚kyrios', „Herr") und bedeutet „die des Herrn", die ‚berufene' „Gruppe des Herrn" – und der Herr ist der erhöhte Christus.

Die neue geheiligte Gemeinschaft des Christus wird in unserem Glaubensbekenntnis eigens nochmals „christlich" genannt: „die heilige christliche Kirche". Diese Doppelung rührt daher, dass ursprünglich an der Stelle des Wortes „christlich" das Wort „katholisch" stand. Nach der letzten ökumenischen Textrevision unterscheidet sich die evangelische deutsche Fassung des Glaubensbekenntnisses von der katholischen nur noch in genau diesem einen Wort. Die Überlegung, derentwegen schon Martin Luther das Wort „katholisch" durch „christlich" ersetzt hatte, ist immer noch ausschlaggebend, dass nämlich der des Griechischen unkundige Laie die Wortbedeutung von „katholisch", nämlich „allumfassend" nicht mehr hört und bei dem Begriff speziell an die römisch-katholische Kirche denkt, die sich – nach diesem Ausdruck des Glaubensbekenntnisses – so nennt. Eine Kirche καθ' ὅλην τὴν γῆν (‚kat' holēn tēn gēn', „über die ganze Erde hin"), eine ‚katholische' also, schwebte den alten Christen vor. Dieses Ziel war bei der Entstehung des Glaubensbekenntnisses noch nicht erreicht, formulierte aber etwas Richtiges: die Botschaft Jesu gilt allen Menschen.

Die Vorstellung einer Kirche „über die ganze Erde hinweg" beinhaltet naturgemäß auch den Auftrag zur Einigkeit. Die geistige Einigkeit und die organisatorische Einheit der Kirche ist in den Jahrhunderten ihrer Geschichte vielfach abhanden gekommen – sofern sie jemals verwirklicht war. Die Einheit der Kirche muss bestehen und gemeinsam gebaut werden in einem gesuchten Gleichklang der Schriftauslegung, in der gleichgerichteten Zuwendung zu den Menschen, in der ehrlichen Analyse der Probleme der Menschen im Geiste des Evangeliums, in der Beziehung der biblischen Botschaft auf aktuelle Zeitfragen, in einem offenen Gespräch über dies alles, in Gastfreundschaft, gegenseitiger Anerkennung und Förderung von Begegnungen auf allen Ebenen. *Nicht* besteht die Einheit der Kirche oder kann sie gesucht werden in einer streng hierarchisch und auf strammen Gehorsam aufgebauten Struktur, einer allseitigen Anerkennung einer mittelitalienischen Zentralverwaltung oder gar einer anachronistisch monarchischen Regierungsform, die sich den neurotischen Schutzschild angeblicher Unfehlbarkeit zugelegt hat. Dies würde vom Ansatz Jesu und des Urchristentums wegführen. Der Ökumenische Rat der Kirchen, obwohl in der Öffentlichkeit weniger bekannt – und abgesehen vom unkooperativen Fundamentalismus der Orthodoxen – verkörpert strukturell das Bestreben nach Gemeinsamkeit und Einheit besser als etwa der römische Zentralismus.

„**Vergebung der Sünden**" heißt die drittletzte Zeile des Glaubensbekenntnisses. Die Rolle, welche die ‚Sündenvergebung' in der Religion allgemein und im Christentum speziell spielte, ist an Umfang und Bedeutung nicht in Kürze zu beschreiben. Die Sündenvergebung wurde weithin zum scheinbaren Hauptzweck der Kirche – wie zeitweise zu ihrer Haupteinnahmequelle … Wie seltsam diese Entwicklung ist, erkennt man daran, dass bei Jesus die Sündenvergebung kein zentrales Thema darstellt. Die Frage der Sündenvergebung begegnet Jesus umgekehrt recht deutlich als ein Thema seiner Gegner, die ihm vorwerfen, er nehme die Sünder an und „esse mit ihnen" (Mk 2,16 parr), halte unerlaubt enge Gemeinschaft mit ‚Sündern' – die er selbst kaum so bezeichnet. In der Tat thematisierte Jesus bei seinen Begegnungen mit Menschen deren Sünde nicht, so wenig wie im Gleichnis der Vater des so genannten Verlorenen Sohnes diesem Heimkehrer seine Fehler vorhält (Lk 15,11ff). Jesus sprach zwar Menschen Vergebung ihrer Sünden zu, aber dies begegnet Mk 2,5 im Zusammenhang mit einer Heilung, diente einem ganzheitlichen Gesundwerden; es forderte keinen Bußakt. Schon die Unterscheidung der Menschen in Sünder und Gerechte ist kein Merkmal Jesu, sondern eines der Pharisäer. Die Unterscheidung wird nämlich erst möglich auf der Grundlage eines gesetzlichen Denkens. Das Gesetz des Mose gibt grobe bis feinste Maßstäbe an die Hand, zu unterscheiden, wer sündigt und wer nicht: Sünde ist Übertretung eines Gebotes. Doch bei Jesus ist Gesetzesübertretung kein Zeichen mehr für Gottesferne, sondern es gilt eher umgekehrt, dass die stur und starr gesetzlichen Menschen ferne sind von Gott und seinem ‚Reich'. Sünde kann seit Jesus nicht mehr an Geboten gemessen werden, sondern Sünde ist jetzt zu begreifen als Lieblosigkeit. An dieser Stelle haben die Kirchen und ihre Christen, und zwar aller Konfessionen, noch viel nachzulernen.

Die Einsicht, dass die Sündenvergebung in Jesu Art, mit Menschen umzugehen, kein zentrales Thema war, erst recht keine Vorbedingung seiner Zuwendung, wie es sich deutlich in der Erzählung von Zachäus erweist (Lk 19,1–10), jenem Oberzöllner, dem Jesus *erst* seine Gemeinschaft anbietet und der *dann* und *daraufhin* zu dem Entschluss gelangt, seine Verfehlungen gegenüber den Mitmenschen wieder gut zu machen, wird getrübt, ja verdeckt durch die vielfältigen nachösterlich gebildeten soteriologischen* Aussagen, dass Jesus selbst mit seinem Sterben die Sündenvergebung bewirke (wie in Mk 10,45c oder den

Abendmahlsworten). Jahrhunderte vor Jesus und auf Jahrhunderte nach Jesus wurde und wird die Sündenvergebung als zentrale Aufgabe der Religion gesehen, in Jesu Ansage der Gottesherrschaft aber und bei seinem Ruf in die Nachfolge geht es um ein „Umdenken", „den Sinn ändern", μετανοεῖν („metanoein'), ein Begriff, der im Deutschen zumeist auf eine falsche Spur lenkt, wenn er mit „Buße tun" übersetzt wird, weil dies an einen Buß- und Beicht-Akt denken lässt. Das ‚Umdenken' im Sinne der Predigt des irdischen Jesus ereignet sich dort, wo Menschen so denken und leben lernen, wie es die Gleichnisse oder die Seligpreisungen beschreiben. Das Wohlwollen Gottes ist ihnen dann sicher.

Rät aber nicht Jesus mit der fünften Bitte des Vaterunsers eben doch, sich unablässig bei Gott um Sündenvergebung zu bemühen? Der uns vertraute Satz lautet nach Mt 6,12: „… und vergib uns unsere Schuld, wie auch wir vergeben unsern Schuldigern"; nach der wohl ursprünglicheren Lukas-Fassung (11,4): „und vergib uns unsere Verfehlungen (Sünden), denn auch selbst vergeben wir einem jeden, der in unserer Schuld steht."

Das Neue, auf das Jesus hier den Sinn jedes mit Gott Redenden lenkt, ist nicht die Einsicht in die Schuldbehaftetheit des Menschen vor Gott – das war ein bekannter, verbreiteter, konventioneller, den priesterlichen Opferkult tragender und die pharisäisch gesetzesfromme Selbstgerechtigkeit nährender, überstrapazierter Gedanke. Das Neue, das Jesus zum Thema ‚Vergebung' lehrt, ist die Verknüpfung von meiner Vergebung gegenüber dem Nächsten mit Gottes Vergebung mir gegenüber. Das Beispiel-Gleichnis für diesen Zusammenhang ist das vom ‚Schalksknecht', vom großen und vom kleinen Schuldner, Mt 18,23–34: Der große Schuldner bekommt von seinem ‚König' unvorstellbar viel erlassen, ja geschenkt, aber er erlässt seinem kleinen Unter-Schuldner – nichts. Es darf nicht übersehen werden: *Erst jetzt* wird der ‚König' ‚zornig'; zuvor war er dem großen Schuldner durchaus wohlgesonnen. So sieht Jesus Gott.

In der Bergpredigt hat sich, in Mt 5,23f, angelagert an die so genannte erste Antithese*, ein eigenes kleines aussagekräftiges Jesuswort erhalten, das lautet: „Wenn du nun deine Opfergabe hinträgst zum Opferaltar, und dort wirst du eingedenk, dass dein Bruder etwas gegen dich hat, dann lass dort deine Opfergabe los, vor dem Opferaltar, und gehe hin, zuallererst, und söhne dich mit deinem Bruder aus!" (Und wohl erst

Matthäus fügt, das Neue einebnend, hinzu: „... und dann komm und bring dein Opfer dar!") Fein und hintersinnig, nicht ohne Schalk-Qualitäten, sagt Jesus: falls du beim Opfern daran denken solltest, dass dein Bruder etwas gegen dich hat ... – ja, warum denn sonst opfert man, als um sich von einer Schuld zu befreien? Wie sollte man also nicht daran denken? „Etwas gegen dich hat ...": das ist nicht im deutschen umgangssprachlichen Sinne zu hören, sondern meint das Vorliegen eines real vorhandenen und begründeten Zerwürfnisses: ‚dein Bruder hat Grund, dir zu zürnen.' Dann, so Jesus, helfe nicht ein Opfer weiter, sondern die Versöhnung. ‚Lass das Opfer liegen, lass es sein, und sei es unmittelbar vor dem Altar, und – sobald du das begreifst – gehe hin und versöhne dich mit deinem Bruder!' Die Aussöhnung der Verfeindeten löst das Problem, nicht der Kultus, nicht die Ersatzhandlung des Opferdarbringens. Hinzugehen zum Widerpart ist freilich die psychisch weit anspruchsvollere Aufgabe, vor der auszuweichen die kultische Handlung ja gerade hilft.

Mit diesem revolutionär neuen Denken Jesu wird der Opferkult überflüssig – ebenso wie die im Opferdienst stehende Priesterschaft. Dass Gott auch ohne Opfer vergibt, hat Jesus wahrhaftig zeitlebens in seiner Zuwendung zu den ‚Sündern' gezeigt. Dass Jesu eigenes Geschick, sein Leiden und Sterben, nachträglich in jenen Kategorien gedeutet wurde, die er überwinden wollte, als vor Gott notwendiges Opfer, ist tragisch. Beim historischen Jesus wird die Sorge „Ist Gott mir gnädig und freundlich?" umgewandelt in die Frage: „Bist du dem Mitmenschen gnädig und freundlich?" Gott ist es. Darum können wir es auch sein. An *diese* Verknüpfung will das Vaterunser erinnern, sooft es gesprochen wird.

In Mt 18,18 spricht Jesus seinen Jüngern die Kompetenz zu, zu ‚binden' und zu ‚lösen', und das bedeutet, Sünden zu vergeben oder zu behalten – keineswegs nur den zwölf Jüngern im engeren Kreise, sondern, so der Zusammenhang im Kapitel der ‚Gemeinderegel' bei Matthäus, allen Jüngern bzw. nun, Gemeindegliedern. In Mt 16,19 ist eben dies von Jesus speziell dem Petrus gesagt. In Joh 20,23 freilich gilt diese erstaunliche Befähigung, zusammen mit der Vermittlung des Heiligen Geistes, wieder allen. Sind diese Worte echt? Ich meine, ja. So etwas Revolutionäres erfindet man nicht, schon gar nicht, wenn man es, wie sich zeigt, kurze Zeit später kaum mehr versteht. Was ist mit diesen Worten gemeint? Jesus spricht die Befähigung zum Vergeben, die nach zeitgenössischer Auffassung Gott und seinen opfernden Priestern vorbehalten war (Mk 2,7), allen zu, die so denken wie er: wenn in seiner Jüngerschaft einer dem anderen vergibt, dann ist die Vergebung Gottes inbegriffen. Die Vergebung Gottes muss nicht eigens erwirkt werden, durch ein den Zorn Gottes versöhnendes Opfer, der darin, meinte man, gründete, dass durch eine Verfehlung an einem Mitmenschen in aller Regel auch Gottes Gebot verletzt war, sondern die Vergebung Gottes ist der Versöhnung der Verfeindeten wie ein himmlischer Segen sicher. Nur so, in diesem Sinne verstanden, ist der jeweils zweite Satz des Gedankens von Lösen und Binden kompatibel zu Jesu Denken: wenn sich Verfeindete *nicht* versöhnen, dann bleibt nicht nur etwas die Gemeinschaft Störendes zwischen ihnen bestehen, sondern auch zwischen ihnen und Gott.

Es ist deutlich, dass Jesus mit solchen Worten nicht neue bußsakramentsverwaltende Priester einsetzt, die als unbeteiligte und überlegene Dritte *anderen,* die sich schuldig gemacht haben, Absolution gewähren oder auch nicht, sondern im Gegenteil den Vorgang der Vergebung den Priestern aus der Hand nimmt und allen seinen Jüngern dort, wo *sie selbst* involviert sind, in die Hand gibt. Wenn sie einander vergeben, dürfen sie der Zustimmung Gottes und seiner Vergebung gewiss sein. Eben dies sagt auch die fünfte Bitte des Vaterunsers aus.

Auch in dieser Frage hat die Kirche die revolutionär freie, neue, freundliche, hilfreiche Sicht Jesu nicht durchgehalten, sondern ist, strukturell, zum alten Denkmodell zurückgekehrt, dass dem Zorn Gottes über die Sünde ein Opfer gebracht werden müsse und dass dazu speziell bevollmächtigte Priester erforderlich seien. Die zum Ende des zweiten Glaubensartikels behandelte unglückliche Verschiebung der urchristlichen Aufmerksamkeit auf ein erwartetes End- und Strafgericht hat wohl das ihre dazu beigetragen, auch die Angst vor dem Sünden-Anhäufen und das Suchen nach Vergebung – weniger im Interesse der geschwisterlichen Gemeinschaft, sondern der ganz individuellen endzeitlichen Erlösungschancen – wieder zu verstärken. So ist die ‚Vergebung der Sünden' in der christlichen Tradition, verglichen mit Jesus, wieder viel zu sehr zu einer metaphysischen Umbuchungsprozedur geworden und damit zu einem geheimnisvollen Vorgang zwischen mir und Gott, letzterer vertreten durch einen Priester, der allein in diesen Geschäften bevollmächtigt und kundig ist, und sie wird zu wenig als das gesehen, was sie nicht nur in der Lehre Jesu, sondern sogar im Textzusammenhang des Glaubensbekenntnisses ist: ein Merkmal der zuvor genannten ‚Gemeinschaft der Heiligen', der Christen.

Was im zweiten Artikel so grundlegend war für den Glauben an den erhöhten Jesus, seine Auferstehung, kehrt hier am Ende des dritten mit dem gleichen Begriff wieder:

„**Auferstehung der Toten**" – nun der verstorbenen Menschen. Vor der Textrevision von 1971 hieß es an dieser Stelle ‚Auferstehung des Fleisches'. Mit der Revision wurde hier ein Begriff des Apostolikums (lat. ‚carnis') durch einen des Nicänums (lat. ‚mortuorum') ersetzt. Der Ausdruck ‚Fleisch' war tatsächlich etwas unglücklich, denn ‚Fleisch' ist in alttestamentlicher Denkweise Inbegriff des Vergänglichen (Jes 40,6ff). Man zielte mit dem Wort wohl auf eine irgendwie geartete ‚Körperlichkeit' und wollte, entsprechend 1 Kor 15,35ff, ausdrücken, dass unsere Zukunft nach dem Tode nicht ein Gespensterdasein ist, sondern eine neue Leiblichkeit umfasst – doch *wie* dies vorzustellen ist, dafür greifen unsere Gedanken zu kurz; und so ist es wohl wirklich das Beste, von Auferstehung der Toten zu sprechen und die genauen Details Gott zu überlassen.

Noch Paulus unterscheidet, wie oben ausgeführt, die Auferstehung Jesu und die Auferstehung der verstorbenen Menschen (1 Kor 15,12ff). Die zweite lehrt er, die erste war allgemein anerkannt. Er argumentiert von der ersten zur zweiten: wenn Jesus auferstanden ist, dann können, dann werden doch auch die verstorbenen Menschen auferstehen. In der Tat, darauf hoffen wir, das trauen wir Gott zu – nur: beschreiben können wir es nicht und sollten es auch nicht versuchen. Wenn zur Zeit des Paulus die Christen überzeugt waren, dass Jesus lebt, weil sie seine Lebendigkeit spürten, aber noch zweifelten, ob die verstorbenen Menschen auferstehen (1 Kor 15,12; s. oben zu „auferstanden"), dann zeigt dies nochmals, dass die Auferstehung Jesu in frühester Zeit nicht als Auferstehung aus dem Grab, sondern eben als Erhöhung zu Gott verstanden wurde – und dass das Auferstehen aus dem Grab zeitlich erst etwas später zur Frage, zum Problem wurde, als nämlich die erste Generation der Christen wegzusterben begann und begraben wurde. Es ist kein Zufall, dass erst aus dieser Zeit die späten Erzählungen vom leeren Grab Jesu stammen.

Die letzten Worte des Glaubensbekenntnisses sind gleichsam ein Gegenstück zu seinem Anfang: die Schöpfung als Anfang der Welt und unser Ende mit allem, was nach unserem Tod folgt, haben nicht wir in der Hand; wir *glauben* es in Gottes Hand. *Beschreibende* Aussagen darüber sind uns verwehrt.

„und das ewige Leben" „Ewiges Leben" ist der letzte Begriff des Glaubensbekenntnisses, eine Vorstellung, die sich für den Schluss, den Ausblick, besonders eignet. Freilich gilt unsere Unfähigkeit zur Beschreibung, ja auch nur annähernden Vorstellung hier ebenfalls.
Der Begriff „ewiges Leben" stammt nicht von Jesus, begegnet in der alten Jesusüberlieferung kaum. Er kommt vielmehr deutlich aus dem Sprachschatz des Johannesevangeliums. Johannes setzt zumeist dort, wo Jesus vom „Gottesreich" sprach (Matthäus vom „Himmelreich"), „ewiges Leben" ein. Johannes hellenisiert also einen hebräischen Begriff: aus der „Gottesherrschaft" wird „unvergängliches Leben". So sehr die Gottesherrschaft etwas war, was Jesus auf dieser unserer Erde verwirklicht, jedenfalls nahegebracht sehen wollte, so sehr war auch das „ewige Leben" im Sinne eines echten, wahren, tiefen, nachhaltigen, unvergänglichen Lebens etwas, das es *vor* dem Tod zu wählen, sich darum zu bemühen, sich damit beschenken zu lassen galt. Echtes, wahres Leben schenkt Jesus mit der Wahrheit seiner Worte, mit dem angstfreien Vertrauen auf Gott und untereinander, mit der Wegnahme dessen, was wir modern als Neurosen und Psychosen bezeichnen könnten und was von falscher, knechtender, gesetzlicher liebloser Frömmigkeit ausgelöst wird. „In ihm war das Leben", sagt Johannes (1,4), „und das Leben war das Licht der Menschen". Wer an ihn glaubt, der „hat" das Leben (3,16). Oder Johannes lässt Jesus sagen (5,24): „Wer mein Wort hört und glaubt …, der ist vom Tode zum Leben hindurchgedrungen". „Leben" war für einen urchristlichen Denker wie Johannes eine tiefe Existenzqualität, etwas von der neuen Religion Geschenktes, und es war unvergänglich, weil es vom Wissen um die eigene Sterblichkeit nicht im Geringsten zunichte gemacht, sondern als etwas auch über das eigene Ende hinaus weiter Gültiges und Weiterführendes, also als etwas „Äonenhaftes", „Ewiges" empfunden wurde.
Wenn wir das Existentiale, das man in Mythen und Geschichten, Träumen und Ahnungen ausdrücken, aber nicht beschreiben kann, in

konkrete Einzelerwartungen und Katechismusformeln pressen, ziehen wir es herunter auf ein kindlich-bildhaftes Niveau. Wenn wir es dort belassen, wo es hingehört und von wo es herkommt, der Ebene einer tiefen Hoffnung, Ahnung und Grenzerfahrung, über die man nicht rechthaberisch streitet, sondern zu der man sich ermutigt oder von der man, wenn man sie kennt, mitteilt, dann bewegen wir uns auf der Ebene, auf der das *ganze* Glaubensbekenntnis gesprochen und gedacht werden will: Ziel und Zweck des Glaubensbekenntnisses ist es nicht, eine metaphysikorientierte Dogmatik zu lehren, sondern unser Vertrauen zu Gott, unser Maßnehmen an Jesus und unsere Erfahrungen mit dem belebenden Geist in wenigen Sätzen zu fokussieren und so die wichtigsten Grundfragen unserer Existenz auszudrücken und lebendig zu halten, die hinter dem Anfang, dem Schluss und der Mitte des Glaubensbekenntnisses stehen: wo kommen wir her, wo gehen wir hin, und wie finde ich für meinen Lebensweg die hilfreiche Orientierung am Modell und Beispiel des Jesus von Nazareth, der einen Weg gesucht und gefunden hat, von dem wir sagen, es ist der Weg, Gott zu erkennen und von ihm sein Leben aus ringsum Vergänglichem ins Unvergängliche erheben zu lassen.

Worterklärungen

Antithesen
im speziellen neutestamentlichen Sinne: sechs antithetisch formulierte Aussagen Jesu in der Bergpredigt, Mt 5,21–48, nach dem Schema: „Ihr habt gehört, dass ... gesagt ist ... ich aber sage euch ..."

apokalyptisch, Apokalyptik
ab dem 2. Jahrhundert v. Chr. im Judentum aufkommende Erwartung eines baldigen Weltendes mit Weltgericht und vorausgehenden Katastrophen bis zu einer Neuschöpfung; „Offenbarungen" (Offenbarung griech. ἀποκάλυψις, ‚apokalypsis') über diese Ereignisse werden in zahlreichen zeitgenössischen apokryphen (s. diese) Schriften verbreitet; das apokalyptische Denken hat Eingang in das Neue Testament gefunden und die Botschaft Jesu beträchtlich übermalt

apokryph, Apokryphen
Schriften aus alttestamentlicher wie neutestamentlicher Zeit, die teils vollständig, teils fragmentarisch überliefert sind, aber nicht (fester) Teil der Bibel wurden und nicht selten qualitativ gegenüber den biblischen Schriften auch deutlich abfallen (von griech. ἀπο- und κρύπτειν, ‚hinweg-verbergen')

christologisch, Christologie
„Lehre über Christus", „Christus-Lehre", konstitutiver Teilbereich der christlichen *Theo*logie (der „*Gottes*-Lehre")

eschatologisch, Eschatologie
„Lehre über das Letzte", die letzten Dinge (der Weltzeit), über das ‚Eschaton' (griech: ἔσχατον) als Endzeit, Vollendungs- und Heilszeit, entsprechend den unterschiedlichen Konzepten von der alttestamentlichen Prophetie bis zur Apokalyptik (s. diese) in neutestamentlicher Zeit; wie auch in der kirchlichen Dogmatik

exilisch, Exil
speziell in der Geschichte Israels: die „Babylonische Gefangenschaft", genauer die Wegführung des Königshauses des verbliebenen Süd-Rei-

ches ‚Juda' nach Babylon infolge der Eroberung Jerusalems im Jahre 598/7 v. Chr. und die Deportation der Oberschicht des Volkes nach der Zerstörung Jerusalems im Jahre 587/6 vor Christus, bis zur Rückkehr (ohne Königtum) ab 538 v. Chr.

Kabbala
hebräisches Symbolsystem, aufbauend auf dem Umstand, dass zwischen Zahlenwert und Buchstabenbedeutung der hebräischen Schriftzeichen und Worte hin und her assoziiert werden kann

Logienquelle
eine urchristliche Schrift, die offensichtlich sowohl von Matthäus als auch von Lukas zum Markus-Stoff hinzugefügt und in diesen eingearbeitet wurde; die Logienquelle (auch Spruch-Quelle, abgekürzt „Q" für „Quelle") ist nicht direkt erhalten, sondern aus dem über Markus hinausgehenden gemeinsamen Text des Mt und Lk zu erschließen; sie hat nahezu nur „Logien", Sprüche/Worte Jesu enthalten, kaum Erzählungen. Viele wichtige Texte wie z.B. die „Bergpredigt" Mt 5–7 stammen aus Q.

mariologisch, Mariologie
„Lehre über Maria", Teilbereich vor allem der katholischen Theologie

Perikopen
Abschnitte biblischer Texte, zugeschnitten auf gottesdienstliche Lesungseinheiten (von περικόπτειν, aus dem, was ringsum steht, heraushauen, herausschneiden)

Pharisäer
religionsgesetzlich gesetzesstrenge jüdische Laienbewegung zur Zeit Jesu; der Name bedeutet „die (vom normalen Volk) Abgesonderten"

Redaktion, redaktionell
speziell in der Evangelien-Auslegung: diejenigen Textpassagen, Sätze oder Begriffe, die auf die *Bearbeitung* des Verfassers, des Evangelisten, zurückgehen und daher nicht alte Überlieferung darstellen, sondern Bildungen des Evangelisten sind

Satisfaktionslehre
besonders in der mittelalterlichen Theologie aufgrund neutestamentlicher Ansätze ausformulierte Lehre, dass Gottes Zorn über die Sünde der Menschheit „Genugtuung" verlange und im Opfer Jesu gefunden habe

Sadduzäer
Angehörige der Priester-Adels-Sippe, die sich als Abkömmlinge des Priesters Zadok (צדוק, 2 Sam 8,17 u.ö. oder eines wesentlich späteren namensgleichen Zadok) verstanden (daher der Name ‚Saddukim', im griech. Neuen Testament Σαδδουκαῖοι, ‚Saddukaioi'), das Geschehen am Jerusalemer Tempel bestimmten und die Mehrheit oder den größten Einfluss im ‚Hohen Rat' hatten, der Jesus verurteilte und an Pontius Pilatus überstellte

soteriologisch, Soteriologie
Lehre von der Erlösung durch Christus; (systematisch-) theologische Darlegung, wovon, womit, auf welche Weise uns Christus „rettet" (griech. Σωτήρ, ‚Sōtēr' = ‚Retter', ‚Erlöser')

Synoptiker, synoptisch
Sammelbezeichnung für die drei ersten Evangelien Matthäus, Markus und Lukas (d.h. ohne Johannes), welche die „gleiche Sicht" auf Jesus haben und aufgrund ihrer textlichen und stofflichen Verwandtschaft optimal in einer „Synopse", d.h. nebeneinander gedruckten Spalten, vergleichend wiedergegeben werden können

Textkritik
der wissenschaftlich kritische Vergleich der materiell überkommenen alten Handschriften eines Textes mit dem Ziel, bei abweichenden Lesarten die wahrscheinlich ursprünglichste zu ermitteln

Theodizee
„Rechtfertigung / Verteidigung Gottes", d.h. die Diskussion des Problems, wieso angesichts der angenommenen Güte und Allmacht Gottes Übel und Unrecht in der Welt sind

Vulgata
lateinische Bibel (Übersetzung des Alten Testaments aus dem Hebräischen und des Neuen aus dem Griechischen ins Lateinische); nicht der Urtext, aber die über Jahrhunderte am meisten „allgemein verbreitete" – das bedeutet der Name – Übersetzung der Bibel

Britta Hübener
Gottfried Orth (Hrsg.)
Wörter des Lebens
Das ABC evangelischen Denkens

2007. 270 Seiten. Kart.
€ 19,80
ISBN 978-3-17-019533-2

Wörter zum Leben benennen, was Christinnen und Christen glauben. Sie leiten an zur Kritik der Wirklichkeit und stiften Hoffnung auf Veränderungen. Doch wie lässt sich heute theologisch verantwortet und zugleich in alltagstauglicher Sprache von diesen Lebens-Wörtern reden? Wie werden ihre oft kontroverse Geschichte und ihre kulturellen Welten lebendig? Wie können sie dazu beitragen, den Zusammenhang von Glauben, Wissen, Lernen und Tun zu klären?

Dieses »ABC evangelischen Denkens«, verfasst von kompetenten Fachleuten aus Hochschule und kirchlicher Praxis, erschließt in ökumenischer Offenheit die programmatischen Begriffe evangelischen Denkens und führt in die Vielfalt theologischen Verstehens ein.

Britta Hübener, Dipl. theol., ist Lektorin in Heidelberg.

Prof. Dr. Gottfried Orth lehrt Evangelische Theologie und Religionspädagogik an der Technischen Universität Braunschweig.

▶ www.kohlhammer.de

W. Kohlhammer GmbH · 70549 Stuttgart
Tel. 0711/7863 - 7280 · Fax 0711/7863 - 8430

Manfred Köhnlein

Gleichnisse Jesu – Visionen einer besseren Welt

2008. 288 Seiten mit 22 Zeichnungen von Jehuda Bacon. Kart.
€ 25,–
ISBN 978-3-17-020569-7

Jesus von Nazareth muss ein hinreißender Lehrer, Prediger, Wundertäter gewesen sein, sonst hätte er in dem einen Jahr seines öffentlichen Auftretens keine solche weltgeschichtliche Bewegung wie das Christentum entfachen können. Zu den Glanzstücken seiner Verkündigung gehören die Gleichnisse. Die Parabeln vom „Barmherzigen Samariter" und „Verlorenen Sohn" zum Beispiel zählen als narrative Kunstwerke zur Weltliteratur. Sie belegen die „offene Didaktik" Jesu, mit der er die Menschen zu einer eigenen Meinung in Fragen der Gerechtigkeit, des Friedens, der Schuld und der Strafe, der Liebe und der Versöhnung herausforderte.

Prof. Dr. Manfred Köhnlein lehrte an der Pädagogischen Hochschule Schwäbisch Gmünd.

Jehuda Bacon lehrte an der Bezalel-Kunstakademie in Jerusalem.

▶ www.kohlhammer.de

W. Kohlhammer GmbH · 70549 Stuttgart
Tel. 0711/7863 - 7280 · Fax 0711/7863 - 8430